Pourquoi Justinien et Charlemagne font-ils construire des églises exceptionnelles ?

L'église Sainte-Sophie

Les indices

Doc. 1 Vue intérieure de Sainte-Sophie
La coupole s'élève à 55 mètres. La lumière naturelle, ainsi que celle des chandelles et des torches, étaient réfléchies par les murs, couverts de mosaïques d'or.

Doc. 2 Justinien veut construire une église exceptionnelle à Constantinople

« L'empereur fit venir de tout l'empire les plus excellents ouvriers et il n'épargna aucune dépense. C'est ainsi que cette église si merveilleuse a été achevée. Elle s'élève à une hauteur prodigieuse et domine toute la ville. Elle brille d'une si éclatante splendeur qu'on dirait qu'au lieu d'être éclairée des rayons du soleil, elle enferme en elle-même la source de la lumière. La coupole, superbe ornement, ne semble pas posée sur l'ouvrage, mais suspendue du haut du ciel avec une chaîne d'or. Quand on entre dans l'église pour prier, on la regarde comme un ouvrage de la sagesse de Dieu, plutôt que de l'art des hommes. Il est impossible de décrire avec précision tous les ornements, les vases d'or et d'argent, toutes les pierres précieuses offertes par l'empereur Justinien. »

D'après Procope de Césarée, *Livre des édifices*, milieu du VIe siècle.

Com...
Réa...
(c...

1 Équipe A, à l'aide des documents, complétez le tableau.

Nom du monument	Sainte Sophie
Période de construction	
Dimensions	
Matériaux des décorations	argile
Source de lumière	

2 Dans le doc. 2, soulignez : en bleu, une phrase qui indique que Justinien a voulu une église somptueuse ; en rouge, une phrase qui montre l'admiration de l'auteur devant ce monument.

3 À l'aide de vos réponses et des documents, proposez une description de l'église Sainte-Sophie.

Pour réaliser la description d'un monument, il faut :
- l'identifier : où se trouve-t-il ? quand a-t-il été construit ?
- le décrire à partir d'éléments simples : architecture, matériaux utilisés, décorations.
- proposer une interprétation : quel est le but de cette construction ?

Pourquoi Justinien et Charlemagne font-ils construire des églises exceptionnelles ?

La chapelle du palais d'Aix

Les indices

Doc. 1 Vue intérieure de la chapelle du palais d'Aix
La coupole de la chapelle culmine à 33 m. Au centre, le trône impérial d'où Charlemagne assistait à la messe.

Doc. 2 Charlemagne et la construction de la chapelle du palais

« Charlemagne pratiquait scrupuleusement la religion chrétienne. Aussi construisit-il à Aix une chapelle d'une extrême beauté, qu'il orna d'or et d'argent et de chandeliers, ainsi que de balustrades et de portes en bronze massif. Comme il ne pouvait se procurer ailleurs les colonnes et les marbres nécessaires à sa construction, il en fit transporter de Rome et de Ravenne. Il pourvut largement la chapelle de vases sacrés d'or et d'argent. Il ne manquait pas de se rendre à cette église, matin et soir ; il y retournait aussi pour l'office de nuit. À la mort de l'empereur, on s'accorda à reconnaître qu'aucun emplacement ne pouvait mieux convenir à la tombe de Charlemagne que la chapelle qu'il avait construite lui-même et à ses frais à Aix pour l'amour de Dieu. »

D'après Éginhard, *Vie de Charlemagne*, IXe siècle.

Compétence
Réaliser une description en histoire
Pratiquer différents langages (domaines 1, 2 et 4 du socle commun)

1 Équipe B, à l'aide des documents, complétez le tableau.

Nom du monument	....
Période de construction	....
Dimensions	....
Matériaux des décorations	....
Source de lumière	....

2 Dans le doc. 2, soulignez : en rouge, les éléments qui indiquent que Charlemagne a souhaité construire une église somptueuse ; en bleu, les éléments qui indiquent l'intention religieuse de Charlemagne.

3 À l'aide de vos réponses et des documents, proposez une description de la chapelle d'Aix.

....
....
....
....
....
....
....
....
....

Pour réaliser la description d'un monument, il faut :
- l'identifier : où se trouve-t-il ? quand a-t-il été construit ?
- le décrire à partir d'éléments simples : architecture, matériaux utilisés, décorations.
- proposer une interprétation : quel est le but de cette construction ?

Comment les deux chrétientés se diffusent-elles en Europe ?

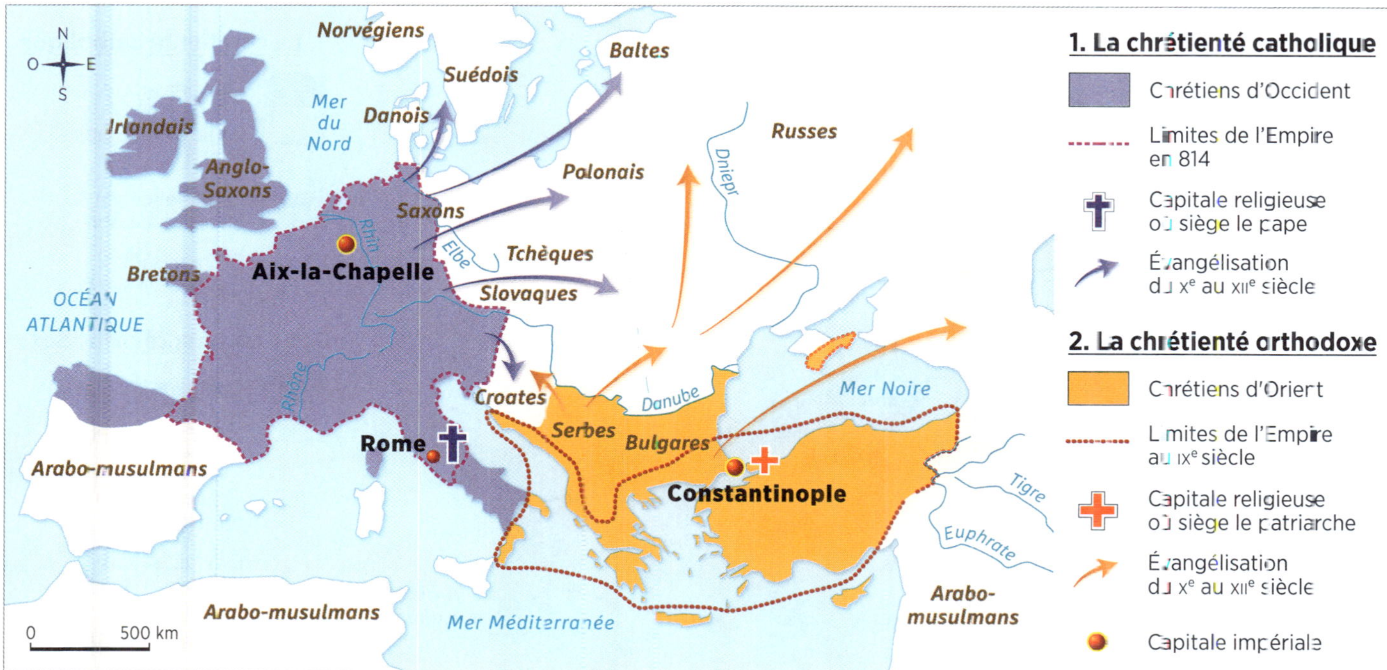

Doc. 1 Les deux chrétientés

Les escales

1. Dans la légende de la carte, entourez le nom des deux chrétientés qui se partagent l'Europe.

Zoom compétence

Écrire pour organiser ses connaissances

Pratiquer différents langages (domaines 1, 2 et 4 du socle commun)

2. À l'aide du document et de vos connaissances, complétez le tableau.

	Chrétienté catholique	Chrétienté orthodoxe
Empire concerné	....	....
Capitale religieuse	....	....
Chef religieux	....	....
Directions de l'évangélisation	....	....

À l'aide de vos réponses, rédigez quelques lignes pour présenter les deux chrétientés d'Europe.

....

....

....

....

....

....

....

....

Comment les deux chrétientés se diffusent-elles en Europe ?

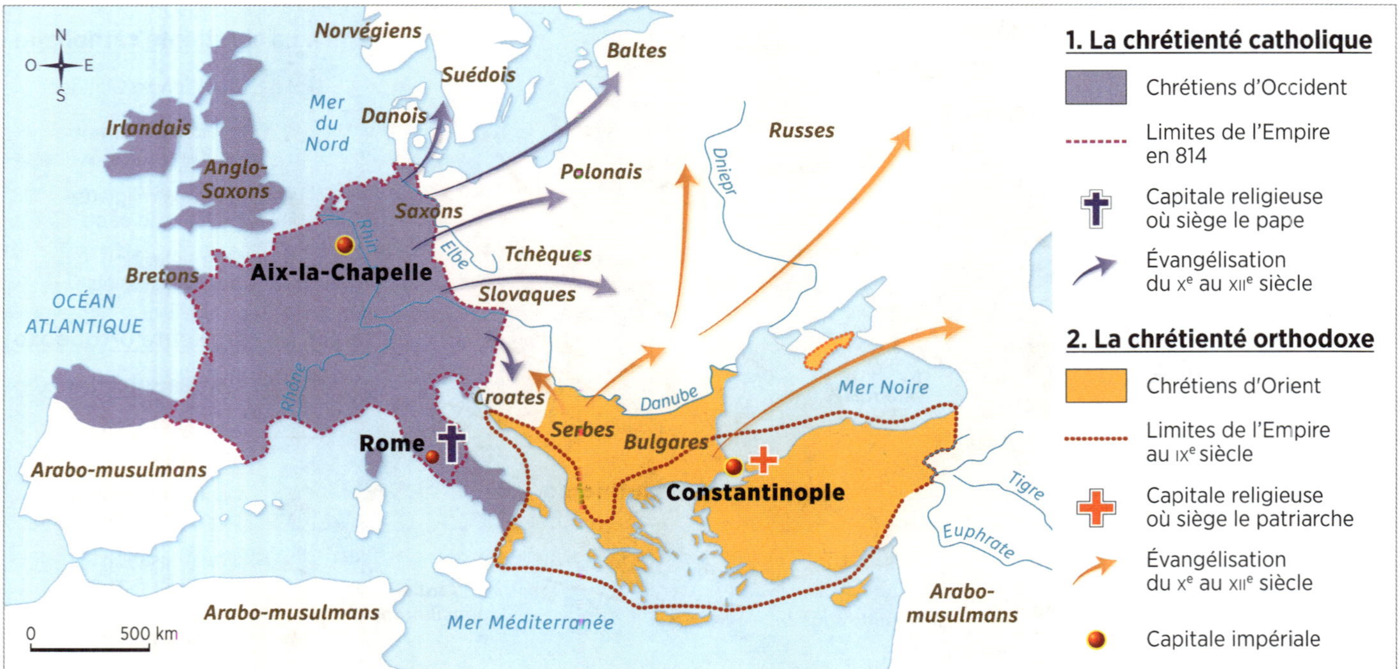

Doc. 1 Les deux chrétientés

Les escales

1. Quels sont les deux empires qui se partagent l'Europe au IXe siècle ? Quel est leur point commun ?

....

....

Zoom compétence

Écrire pour organiser ses connaissances

Pratiquer différents langages
(domaines 1, 2 et 4 du socle commun)

2. Observez attentivement la carte et, à partir de vos observations, rédigez quelques lignes pour présenter les deux chrétientés d'Europe.

Pour rédiger votre synthèse, vous devez au préalable organiser vos connaissances, c'est-à-dire classer les informations dont vous disposez en grands thèmes. La question vous propose de présenter les deux chrétientés : la chrétienté catholique sera votre thème 1 et la chrétienté orthodoxe sera votre thème 2. Notez-les au brouillon, classez vos connaissances et les informations apportées par le document selon ces deux thèmes, puis rédigez votre synthèse.

....

....

....

....

....

....

....

....

....

....

....

....

....

Comment l'Empire musulman est-il né et a-t-il évolué ?

1. L'expansion musulmane
- À la mort de Mohammed (632)
- Conquêtes des premiers califes (632-661)
- Conquêtes de 661 à 750

2. Les villes de l'Empire
- Villes saintes de l'islam
- Capitales des califes
- Autres villes importantes

Doc. 1 L'expansion de l'Empire musulman

Doc. 2 La conquête du Maghreb central

« Le calife Abd Al-Malik[1] fit parvenir à Hassân, gouverneur de l'Égypte, l'ordre de reprendre la guerre sainte en Afrique du Nord et lui envoya des renforts. Hassân marcha contre cette province en 689. Il promit la sécurité aux Berbères, sous trois conditions : la conversion à l'islam, la soumission, et la fourniture de 12 000 guerriers. Il imposa un impôt aux étrangers et aux Berbères restés chrétiens. »

D'après Ibn Khaldun, *Histoire des Arabes et des Berbères du Maghreb*, fin du XIVe siècle.

1. Calife omeyyade de 685 à 705.

Les escales

1 Sur la carte, entourez : en rouge, la région d'où sont parties les conquêtes ; en noir, ses limites les plus vastes. Dans la légende, entourez : en vert, les responsables des conquêtes ; en bleu, la date à laquelle elles débutent. Dans le doc. 2, soulignez la motivation des conquêtes pour le calife Abd-El-Malik.

2 L'affirmation suivante est-elle vraie ou fausse ? *Les populations non musulmanes des régions conquises doivent adopter obligatoirement la religion musulmane* : vrai ☐ faux ☐ Entourez une phrase du texte qui justifie votre réponse.

Zoom compétence
Réaliser un récit historique

Pratiquer différents langages
(domaines 1, 2 et 4 du socle commun)

3 Classez les phrases suivantes dans le tableau, afin de proposer un récit de l'expansion de l'Empire musulman :
Les populations dominées se convertissent à l'islam. – Les califes, successeurs de Mohammed, sont les principaux artisans des conquêtes. – L'Empire musulman s'étend de l'Espagne à l'Ouest jusqu'à l'Indus à l'Est. – Les conquêtes sont menées au nom de la religion. – Les chrétiens et les juifs peuvent pratiquer leur religion contre le paiement d'un impôt. – Les conquêtes débutent en 632 à la mort de Mohammed.

1. contexte et acteurs des conquêtes	2. motivations des conquêtes	3. conséquences des conquêtes
....	....	....
....	....	....
....	....	....
....	....	....
....	....	....
....	....	....
....	....	....
....	....	....

Comment l'Empire musulman est-il né et a-t-il évolué ?

Doc. 1 **L'expansion de l'Empire musulman**

Doc. 2 **La conquête du Maghreb central**

« Le calife Abd Al-Malik[1] fit parvenir à Hassân, gouverneur de l'Égypte, l'ordre de reprendre la guerre sainte en Afrique du Nord et lui envoya des renforts. Hassân marcha contre cette province en 689. Il promit la sécurité aux Berbères, sous trois conditions : la conversion à l'islam, la soumission, et la fourniture de 12 000 guerriers. Il imposa un impôt aux étrangers et aux Berbères restés chrétiens. »

D'après Ibn Khaldun, *Histoire des Arabes et des Berbères du Maghreb*, fin du XIVe siècle.

1. Calife omeyyade de 685 à 705.

Les escales

1. D'après le doc. 1, où et quand commencent les conquêtes musulmanes ? Précisez qui est à leur origine et dans quel but. Puis entourez sur la carte les limites de l'Empire musulman à son apogée.

....

....

....

2. D'après le doc. 2, quel sort est réservé aux populations non musulmanes ?

....

....

Zoom compétence

Réaliser un récit historique

Pratiquer différents langages (domaines 1, 2 et 4 du socle commun)

3. À partir des documents et de vos réponses, racontez l'expansion de l'Empire musulman et ses conséquences pour les populations soumises.

Rassemblez au brouillon :
- le contexte : où et quand débutent-elles ?
- les acteurs : qui réalise l'expansion ?
- des faits : quelles sont les motivations des conquêtes ?
- des conséquences : que deviennent les populations dominées ?

....

....

....

....

....

....

....

....

....

Comment la ville de Bagdad exprime-t-elle la puissance du calife ?

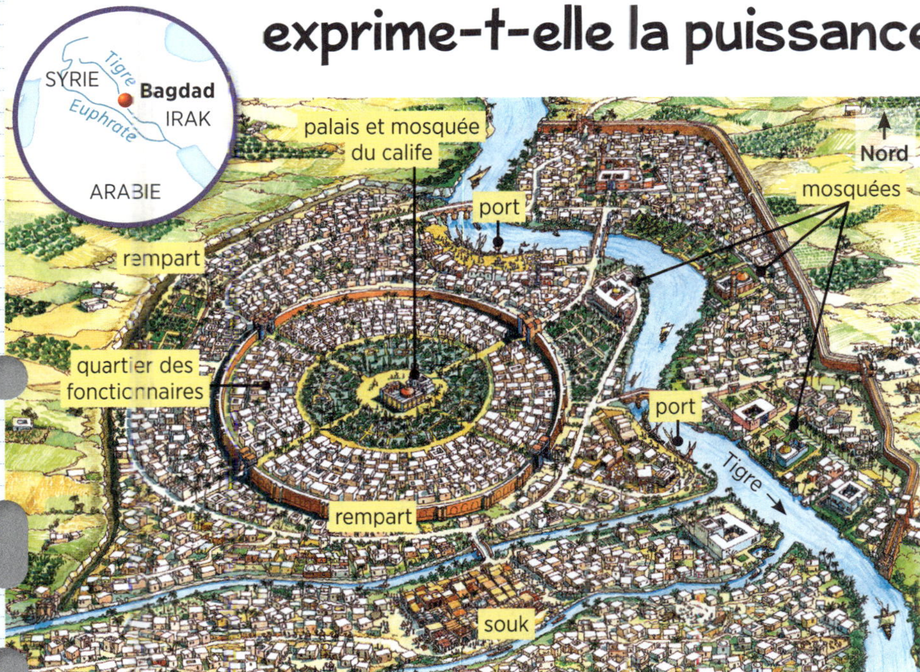

Doc. 1 Reconstitution de Bagdad au xe siècle
Bagdad a été fondée en 762 par le calife Al-Mansour pour être la capitale de l'empire des Abbassides.

Doc. 2 Bagdad, au centre du monde

« Le calife Al-Mansour fit convoquer des gens experts dans l'art de construire afin de faire dresser les plans de sa capitale. Il en fit une ville ronde, la seule ville ronde connue dans le monde entier. [...] Chacune des quatre portes de la ville était surmontée d'une immense coupole dorée. Le mur d'enceinte était protégé par une digue bordée d'un fossé dans lequel l'eau était amenée. Au centre de la grande place s'élevait le palais à côté duquel se trouvait la mosquée. Le palais n'était entouré d'aucune construction, hôtel particulier ou maison d'habitation. »

D'après Al-Yacoubi (géographe arabe), *Le livre des pays*, ixe siècle.

Les escales

1. Entourez les éléments qui nous permettent de localiser la ville de Bagdad.

Zoom compétence

Se poser des questions sur une situation historique

Raisonner, justifier une démarche (*domaines 1 et 2 du socle commun*)

2. Dans les deux documents, soulignez : en rouge, les éléments qui nous renseignent sur le contexte de construction de la ville ; en bleu, ceux qui nous renseignent sur la situation du palais du calife ; en noir, ceux qui expliquent que cette ville est exceptionnelle.

Puis, à l'aide de vos réponses, complétez le tableau.

Se poser des questions, c'est chercher à comprendre et à expliquer.
Pour cela, il faut étudier les documents, noter les informations qu'ils apportent, et les confronter à ses connaissances pour aboutir à des déductions.

Informations tirées des documents		Déductions
Quel est le contexte de la construction de cette ville ?	....	....
Où se situe le palais du calife ?	....	....
Pourquoi est-ce une ville exceptionnelle ?	....	....

ACCOMPAGNEMENT AP PERSONNALISÉ

☐ EXPLORATION GUIDÉE ou ☑ EXPLORATION AUTONOME

Comment la ville de Bagdad exprime-t-elle la puissance du calife ?

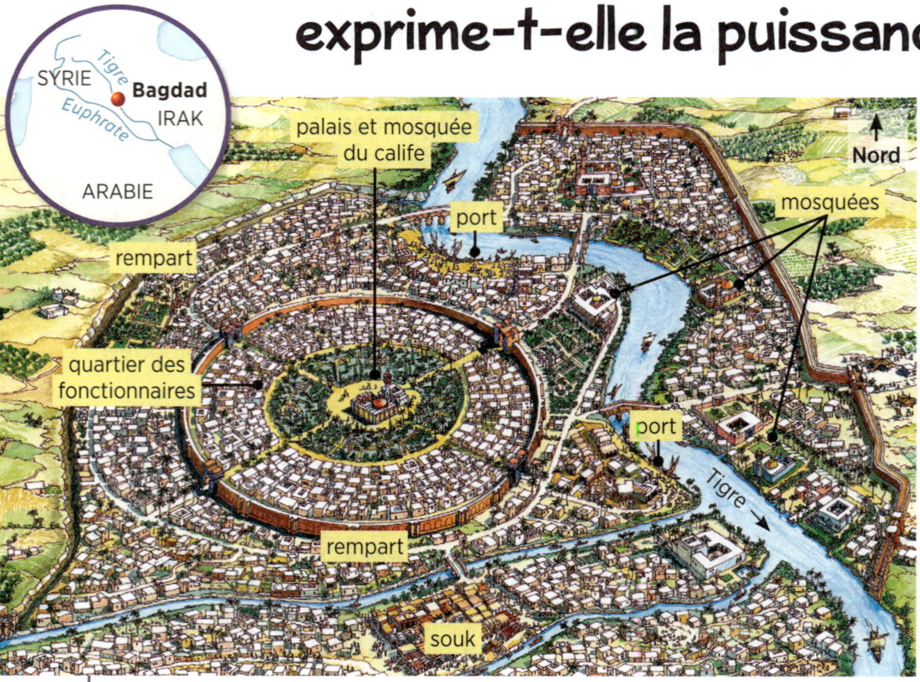

Doc. 1 Reconstitution de Bagdad au xᵉ siècle
Bagdad a été fondée en 762 par le calife Al-Mansour pour être la capitale de l'empire des Abbassides.

Doc. 2 Bagdad, au centre du monde

« Le calife Al-Mansour fit convoquer des gens experts dans l'art de construire afin de faire dresser les plans de sa capitale. Il en fit une ville ronde, la seule ville ronde connue dans le monde entier. [...] Chacune des quatre portes de la ville était surmontée d'une immense coupole dorée. Le mur d'enceinte était protégé par une digue bordée d'un fossé dans lequel l'eau était amenée. Au centre de la grande place s'élevait le palais à côté duquel se trouvait la mosquée. Le palais n'était entouré d'aucune construction, hôtel particulier ou maison d'habitation. »

D'après Al-Yacoubi (géographe arabe), *Le livre des pays*, ɪxᵉ siècle.

Les escales

1. Localisez précisément la ville de Bagdad. Quelle est la fonction de cette ville ?

....

Zoom compétence

Se poser des questions sur une situation historique

Raisonner, justifier une démarche *(domaines 1 et 2 du socle commun)*

2. À l'aide des documents, complétez le tableau.

Informations tirées des documents		Déductions
Quel est le contexte de la construction de cette ville ?		
Où se situe le palais du calife ?		
Pourquoi est-ce une ville exceptionnelle ?		

Se poser des questions, c'est chercher à comprendre et à expliquer. Pour cela, il faut étudier les documents, noter les informations qu'ils apportent, et les confronter à ses connaissances pour aboutir à des déductions.

Quelles sont les relations entre chrétiens et musulmans au temps des croisades ?

Les affrontements

La mission

Votre équipe est en charge de la rubrique « Du passé au présent » du journal du collège. Ce mois-ci, votre article porte sur les contacts entre les chrétiens d'Occident et le monde musulman au temps des croisades. Votre mission est de rédiger un article de quelques lignes sur ce sujet.

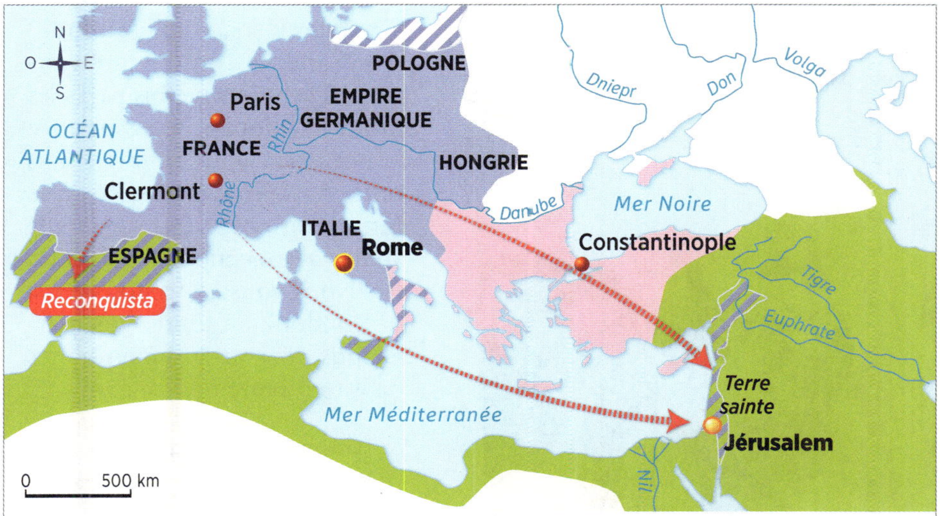

1. Les civilisations de l'espace méditerranéen au XIe siècle
- Chrétiens d'Occident (catholiques)
- Chrétiens d'Orient (orthodoxes)
- Monde de l'Islam

2. L'expansion catholique
- Expéditions militaires catholiques (croisades)
- Région devenue ou redevenue catholique entre le XIe et le XIIIe siècle

Doc. 1 La Méditerranée du XIe au XIIIe siècle

Doc. 2 Croisades et contacts

« Nous qui étions Occidentaux, nous sommes devenus Orientaux. Nous avons oublié les lieux de notre origine. Untel possède ici des maisons en propre, tel autre a épousé une femme, non parmi ses compatriotes, mais une Syrienne, une Arménienne, parfois même une Arabe baptisée. On se sert des diverses langues du pays. Des langues sont devenues communes à tous et la confiance rapproche les peuples les plus éloignés. Le conquérant est maintenant presque devenu un autochtone[1]. Qui était étranger ressemble à l'habitant du pays. »

D'après Foucher de Chartres, *Histoire de Jérusalem*, XIIe siècle.

1. Qui habite en son lieu d'origine.

Compétence

Argumenter pour défendre ses choix

Coopérer et mutualiser (domaines 2 et 3 du socle commun)

....

....

....

....

....

....

....

....

....

....

....

....

....

....

Quelles sont les relations entre chrétiens et musulmans au temps des croisades ?

Les échanges

La mission

Votre équipe est en charge de la rubrique « Du passé au présent » du journal du collège. Ce mois-ci, votre article porte sur les échanges entre les chrétiens d'Occident et le monde musulman au temps des croisades. Votre mission est de rédiger un article de quelques lignes sur ce sujet.

Doc. 1 Guillaume II, roi chrétien de Sicile, soigné par un médecin et un astrologue musulmans
Illustration extraite du *Livre en l'honneur de l'empereur*, de Pierre d'Eboli, fin du XIIe siècle. Bürgerbibliothek, Berne.

Doc. 2 Les marchands de Pise (Italie) en Égypte

« Nous vous concédons le droit d'exercer toutes vos affaires à Alexandrie, et vous autorisons à habiter dans votre fondouk[1] d'Alexandrie. Tout ce que vous aurez à vendre, une fois payés les droits à la douane, vous pourrez le porter où vous voudrez dans notre royaume, et aussi bien le remporter chez vous si vous le voulez, à l'exception du bois et du fer. Nous vous concédons aussi un fondouk au Caire. Vos marchands doivent être bien traités dans tout notre royaume. »

D'après une lettre d'al-Abbas, vizir du calife fatimide al-Zafir, 1154.

1. Hôtellerie et entrepôt des marchands.

Compétence
Argumenter pour défendre ses choix
Coopérer et mutualiser
(domaines 2 et 3 du socle commun)

Chrétientés et Islam (VIe-XIIIe siècles), des mondes en contact

A. J'AI TRAVAILLÉ DES COMPÉTENCES

Évaluez votre maîtrise des compétences travaillées dans ce thème.

	très bonne maîtrise	maîtrise satisfaisante	maîtrise fragile	maîtrise insuffisante	Remarque
extraire et classer des informations de plusieurs documents ➤ fiche 1					
réaliser une description en histoire ➤ fiche 2					
écrire pour organiser ses connaissances ➤ fiche 3					
réaliser un récit historique ➤ fiche 4					
se poser des questions sur une situation historique ➤ fiche 5					
argumenter pour défendre ses choix ➤ fiche 6					

B. J'AI CONSTRUIT DES REPÈRES

Repères dans le temps
- Hégire et début de l'ère musulmane
- couronnement impérial de Charlemagne
- excommunication mutuelle du pape et du patriarche de Constantinople
- rupture entre chrétientés occidentale et orientale

1 Attribuez à chaque date l'événement qui correspond.

622 •	• couronnement impérial de Charlemagne
800 •	• sac de Constantinople par les croisés, qui marque la rupture définitive entre chrétientés occidentale et orientale
1054 •	• Hégire et début de l'ère musulmane
1204 •	• excommunication mutuelle du pape et du patriarche de Constantinople

2 Complétez la frise chronologique en nommant et en coloriant : en orange, le règne de Justinien ; en rouge, le règne de Charlemagne ; en vert, la vie de Mohammed. Puis replacez les dates de la question 1.

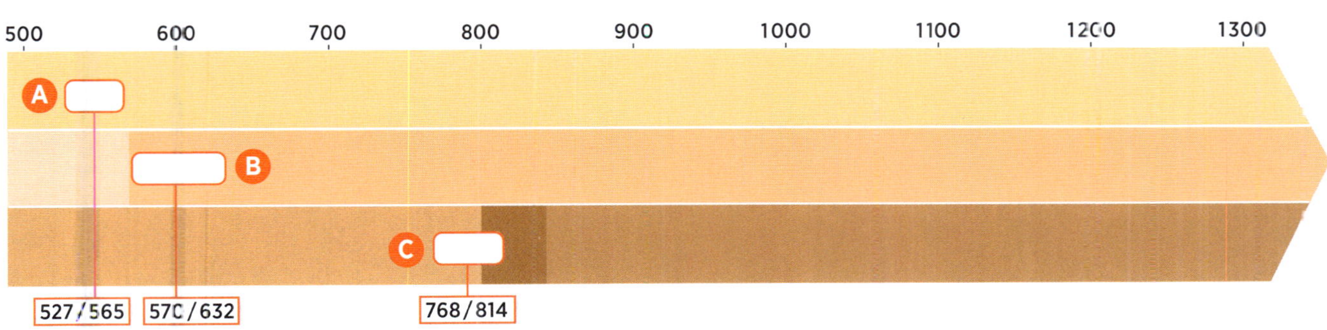

A ....

B ....

C ....

Comment les campagnes d'Occident se transforment-elles ?

Doc. 1 Défrichement et installation de paysans

« À Vaucresson, nous, abbé Suger, avons fondé un village et bâti une église et une maison, et nous avons fait défricher à la charrue la terre inculte. Il y a déjà soixante paysans, et beaucoup d'autres veulent encore venir. Autrefois, ce lieu était désert et un repaire de brigands et de vagabonds en raison de la proximité des bois. »

D'après la charte accordée par l'abbé Suger de Saint-Denis, seigneur d'Église, le 31 mars 1146.

Doc. 3 Des innovations techniques

1. Paysan **2.** Charrue avec soc en fer qui permet des labours plus profonds **3.** Bœufs attelés par un collier d'épaule qui permet de tirer plus efficacement la charrue **4.** Cheval

Doc. 2 Estimation de la population en Europe

Année	1000	1100	1200	1300
Nombre d'habitants	43 millions	48 millions	58 millions	86 millions

Les escales

1 Sur le doc. 2, entourez la population européenne en 1000 et en 1300. Que constatez-vous ?

....

2 Lisez attentivement le doc. 1, puis complétez le tableau.

Initiateur des défrichements	....
Année des défrichements	....
Objectifs	....

3 Sur le doc. 3, entourez en rouge les deux innovations techniques qui rendent le travail du paysan plus efficace.

Zoom compétence

Réaliser un schéma de synthèse

Pratiquer différents langages (domaines 1, 2 et 4 du socle commun)

4 À l'aide de vos réponses et des documents, complétez le schéma avec les propositions suivantes : *production en hausse – augmentation, besoin de nouvelles terres – création de nouveaux villages – recul des forêts, mise en culture de nouvelles terres – les seigneurs – facilitent les défrichements.*

Causes

Population : ....

Initiateurs : ....

Innovations techniques : ....

→ **Défrichements** →

Conséquences

Paysages : ....

Habitat : ....

Agriculture : ....

ACCOMPAGNEMENT AP PERSONNALISÉ

☐ EXPLORATION GUIDÉE ou ☑ EXPLORATION AUTONOME

Comment les campagnes d'Occident se transforment-elles ?

Doc. 1 Défrichement et installation de paysans

« À Vaucresson, nous, abbé Suger, avons fondé un village et bâti une église et une maison, et nous avons fait défricher à la charrue la terre inculte. Il y a déjà soixante paysans, et beaucoup d'autres veulent encore venir. Autrefois, ce lieu était désert et un repaire de brigands et de vagabonds en raison de la proximité des bois. »

D'après la charte accordée par l'abbé Suger de Saint-Denis, seigneur d'Église, le 31 mars 1146.

Doc. 3 Des innovations techniques

1. Paysan **2.** Charrue avec soc en fer qui permet des labours plus profonds **3.** Bœufs attelés par un collier d'épaule qui permet de tirer plus efficacement la charrue **4.** Cheval

Doc. 2 Estimation de la population en Europe

Année	1000	1100	1200	1300
Nombre d'habitants	43 millions	48 millions	58 millions	86 millions

Les escales

1. D'après le doc. 2, comment la population évolue-t-elle en Europe entre l'an 1000 et 1300 ?

....

2. D'après le doc. 1, qui est à l'origine des défrichements à Vaucresson ? Dans quel but ?

....

....

3. D'après le doc. 3, quelles innovations permettent la mise en cultures de nouvelles terres ?

....

....

Zoom compétence

Réaliser un schéma de synthèse

Pratiquer différents langages (domaines 1, 2 et 4 du socle commun)

4. À l'aide de vos réponses et des documents, complétez le schéma. Ajoutez aussi des flèches de relation entre la case « défrichements » et les différentes causes et conséquences.

Pour réaliser un schéma : on commence par classer les éléments que l'on veut faire figurer selon ce qu'ils expriment : une cause ou une origine, une conséquence ou un résultat ; puis on met en relation ces différents éléments à l'aide de flèches.

Causes		Conséquences
Population :		Paysages : ....
Initiateurs :	**Défrichements**	Habitat : ....
Innovations techniques :		Agriculture : ....

Comment se manifeste la domination seigneuriale ?
L'organisation de la seigneurie

Les indices

Doc. 1 La seigneurie de Wismes (Pas-de-Calais) à la fin du Moyen Âge

Doc. 2 Les charges pesant sur les paysans

« Eudes, par la grâce de Dieu, évêque de Paris. Nous avons donné en tenures[1] notre terre de Marne où il existait naguère une forêt. Chaque tenure aura huit arpents[2] de terre cultivable et un arpent pour construire l'habitation.
Il nous sera rendu chaque année, à la Nativité de sainte Marie un setier[3] d'avoine, à la fête de saint Rémy six deniers[4] de cens[5], à la fête des morts une demi-mine[6] de froment et deux chapons. »

D'après la charte de peuplement de Marne-la-Coquette, 1199.

1. terre louée aux paysans par le seigneur
2. mesure de surface agraire
3. et 6. mesures de grain ou de liquide
4. monnaie
5. redevance en argent

Compétence
S'exprimer à l'oral
Pratiquer différents langages (domaines 1, 2 et 4 du socle commun)

1 Équipe A, d'après le doc. 1, quels sont les deux bâtiments au centre du village ? Quelles sont les deux catégories de terre dans cette seigneurie ?

....

....

....

....

2 D'après le doc. 2, comment se composent les tenures de la seigneurie de Marne-la-Coquette ? Comment les paysans s'acquittent-ils des redevances dues au seigneur ?

....

....

....

....

....

Pour un oral, il faut :
- noter au brouillon les informations importantes, sous forme de mots-clés (éliminez toute information qui ne se rapporte pas au sujet) ;
- classer ensuite les mots-clés en plusieurs thèmes. Chaque thème pourra constituer un point important de votre exposé ;
- soigner la forme de votre oral : parlez calmement et évitez les « blancs ».

3 À l'aide de vos connaissances et des documents, notez les mots-clés de l'organisation d'une seigneurie, puis préparez un oral de deux à trois minutes pour présenter ce sujet.

....

....

Comment se manifeste la domination seigneuriale ?

La domination du seigneur

Les indices

Doc. 1 La justice seigneuriale
Miniature du XVe siècle. Bibliothèque nationale de France, Paris.

Doc. 2 La domination seigneuriale

« Odon, évêque de Paris, décide que, pour chaque tenure de sa seigneurie de Marnes, le paysan devra chaque année : un setier[1] d'avoine à la Nativité de la Vierge, un quart de setier de froment et deux chapons à la fête des morts, 12 deniers[2] de cens à la Saint Rémi. Les hommes de Marnes iront moudre leur grain aux moulins de l'évêque. Ils laisseront pour l'évêque un quinzième du grain. Le sergent de l'évêque jugera les hommes de cette terre pour les délits qu'ils y commettront. »

D'après une charte de l'évêché de Paris, XIIe siècle, cité dans B. Merdrignac, *La vie religieuse au Moyen Âge*, Ophrys, 2005.

1. mesure (environ 1,5 hectolitre).
2. le douzième d'un sou.

Compétence
S'exprimer à l'oral
Pratiquer différents langages
(domaines 1, 2 et 4 du socle commun)

1 Équipe B, d'après les doc. 1 et 2, qui rend la justice dans une seigneurie ?

....

....

....

2 D'après le doc. 2, quelle est, en plus des redevances, l'autre obligation des paysans envers le seigneur ?

....

....

....

....

....

3 À l'aide de vos connaissances et des documents, notez les mots-clés pour expliquer comment s'exerce la domination du seigneur sur les paysans, puis préparez un oral de deux à trois minutes pour présenter ce sujet.

....

....

....

Pour un oral, il faut :
- noter au brouillon les informations importantes, sous forme de mots-clés (éliminez toute information qui ne se rapporte pas au sujet) ;
- classer ensuite les mots-clés en plusieurs thèmes. Chaque thème pourra constituer un point important de votre exposé ;
- soigner la forme de votre oral : parlez calmement et évitez les « blancs ».

Quelle place la religion chrétienne occupe-t-elle dans la vie des hommes au Moyen Âge ?

Église abbatiale Sainte-Foy-de-Conques (Aveyron), XIIe siècle

Doc. 1 **Le tympan du Jugement dernier**

Les escales

1. Soulignez le nom de cette œuvre et le lieu où elle se trouve.
Qu'est-ce qu'un tympan ? À l'aide de la photographie de la façade complète de l'église, expliquez où il se trouve.

....

....

Zoom compétence
Justifier une interprétation

Raisonner, justifier une démarche (domaines 1 et 2 du socle commun)

2. Sur la photographie, entourez : en bleu, les scènes indiquant le paradis ; en rouge, les scènes indiquant l'enfer ; en vert, le personnage central et identifiez-le. Quel geste fait-il ?

....

3. Dans la liste de mots suivants, entourez : en bleu, ceux qui décrivent les scènes représentées au paradis ; en rouge, ceux qui décrivent les scènes de l'enfer.

paix — chaos — violence — souffrance — désordre

calme — harmonie — confusion — équilibre — ordre

À partir de vos réponses et de vos connaissances, complétez le tableau.

Messages du tympan	Explications
espoir du salut	....
peur de l'enfer	....

Pour justifier une interprétation il faut :
- prélever des informations en cherchant les éléments importants de chaque document ;
- se demander ce que l'on peut déduire de ces informations ;
- enfin, répondre à la question posée en reprenant vos descriptions et déductions.

Quelle place la religion chrétienne occupe-t-elle dans la vie des hommes au Moyen Âge ?

Église abbatiale Sainte-Foy-de-Conques (Aveyron), XIIe siècle

Doc. 1 **Le tympan du Jugement dernier**

Les escales

1. Présentez cette œuvre. Où peut-on la voir ? Où est-elle placée, et pourquoi selon vous ?

....

....

....

Zoom compétence

Justifier une interprétation

Raisonner, justifier une démarche *(domaines 1 et 2 du socle commun)*

2. Sur la photographie, entourez : en bleu, les scènes indiquant le paradis ; en rouge, les scènes indiquant l'enfer. Qui est le personnage central ? Quel geste fait-il ?

....

....

....

3. Proposez une courte description des deux ensembles représentés sur le tympan puis, à l'aide de vos connaissances, expliquez quelles croyances chrétiennes sont représentées.

....

....

....

....

....

....

....

Pour justifier une interprétation il faut :
- prélever des informations en cherchant les éléments importants de chaque document ;
- se demander ce que l'on peut déduire de ces informations ;
- enfin, répondre à la question posée en reprenant vos descriptions et déductions.

Comment et pourquoi les villes se développent-elles au Moyen Âge ?

Bruges

La mission

Le réalisateur de la série documentaire « Vivre au Moyen Âge » contacte votre équipe pour l'aider sur l'épisode concernant la vie dans les villes. Vous devez lui fournir une description de la ville de Bruges et des explications sur son essor du XIIe au XIIIe siècle. Votre synthèse servira de base aux reconstitutions et aux commentaires de l'épisode.

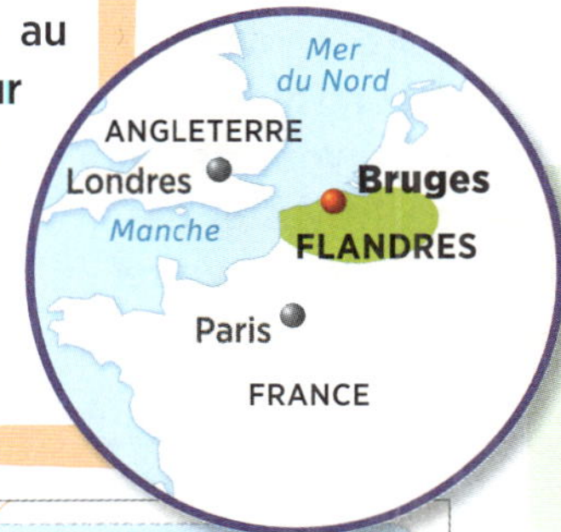

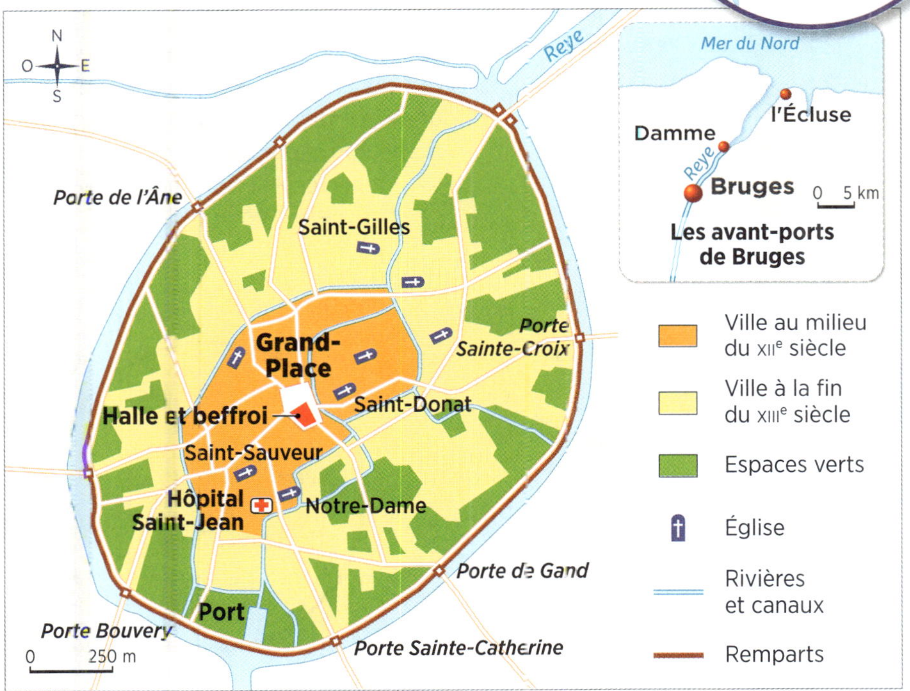

Doc. 1 La ville de Bruges au XIIIe siècle

Doc. 2 Bruges, ville marchande

a. « Bruges est une grande ville, très riche, et l'un des principaux marchés du monde. Tous les pays s'y rencontrent et l'on prétend que le nombre de navires qui quittent le port brugeois de l'Écluse est supérieur à sept cents par jour. »

D'après Pero Tafur, voyageur et écrivain espagnol, 1438.

b. « On trouve à Bruges de la laine, des draps, du coton, de la soie, des fourrures, de la garance[1], du pastel[2], du cuivre, du fer, de l'étain, du poivre noir, toutes les épices, de l'huile, du vin, du miel... Il y a deux très grandes maisons, que l'on appelle "halles". On y vend des draps de laine entiers ou à la coupe. La foire commence à Bruges le huitième jour après Pâques. »

D'après Francesco Balducci Pegolotti, *La pratique du commerce*, XIVe siècle.

1. plante utilisée pour la teinture rouge
2. plante utilisée pour la teinture bleue

Compétence
Travailler en commun
Coopérer et mutualiser
(domaines 2 et 3 du socle commun)

Comment et pourquoi les villes se développent-elles au Moyen Âge ? Troyes

La mission

Le réalisateur de la série documentaire « Vivre au Moyen Âge » contacte votre équipe pour l'aider sur l'épisode concernant la vie dans les villes. Vous devez lui fournir une description de la ville de Troyes et des explications sur son essor du XIIe au XIIIe siècle. Votre synthèse servira de base aux reconstitutions et aux commentaires de l'épisode.

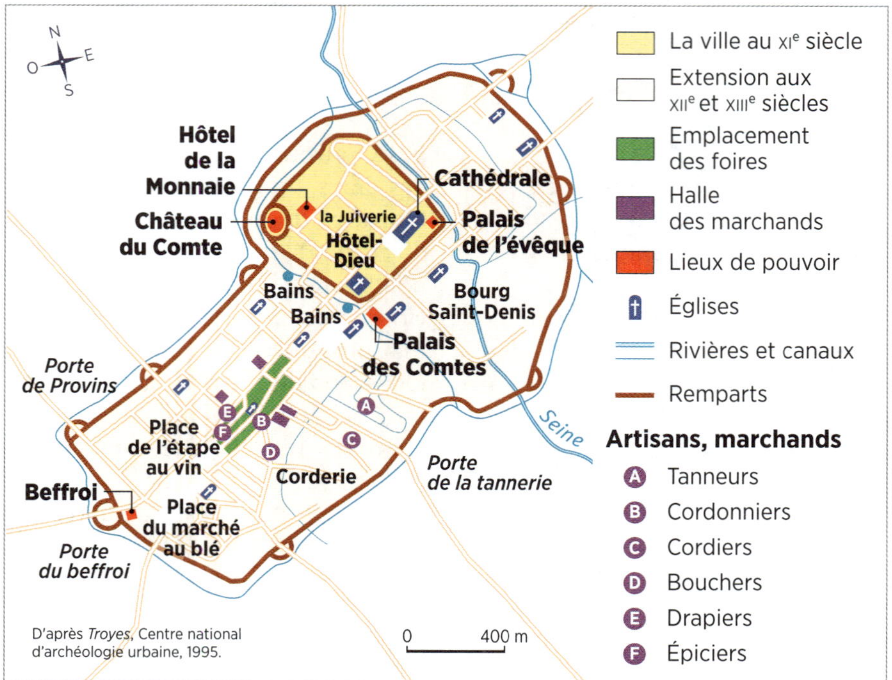

Doc. 1 Plan de la ville de Troyes au XIIIe siècle

Doc. 2 Le comte de Champagne protège les marchands

« Le comte aura sous sa protection tous les marchands, toutes les marchandises, et toutes les personnes venant à la foire, dès le jour où ils arrivent à leur hôtel jusqu'à leur départ, du lever du soleil jusqu'à son coucher. Il leur fera restituer tout ce qui pourrait leur être volé en chemin et demandera réparation au seigneur du lieu où le préjudice a été commis. »

D'après les *Privilèges et coutumes des foires de Champagne*, XIIIe siècle.

Compétence
Travailler en commun
Coopérer et mutualiser (domaines 2 et 3 du socle commun)

Comment Philippe Auguste affirme-t-il la puissance du roi de France ?

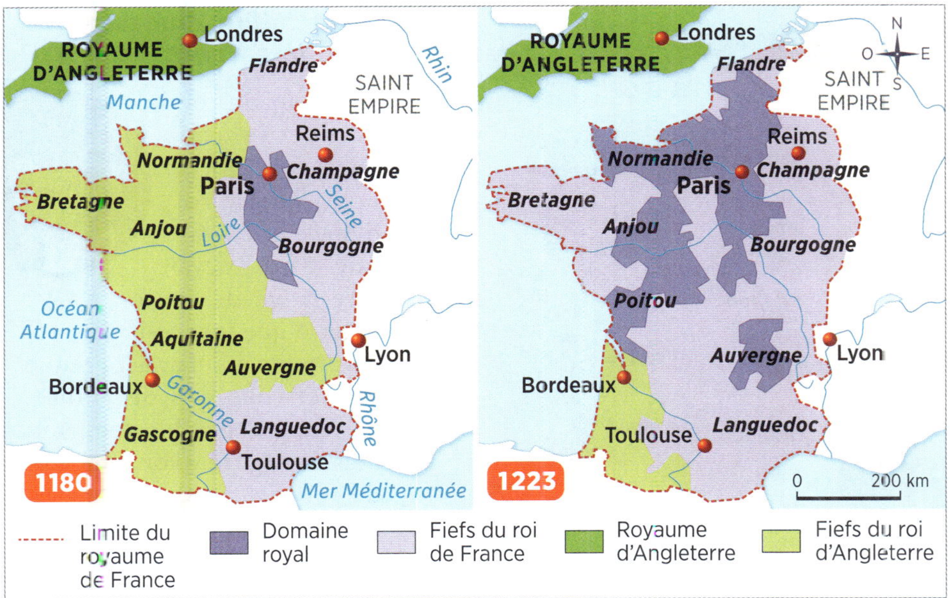

Doc. 1 **L'évolution du royaume de France sous le règne de Philippe Auguste (1180-1223)**

Doc. 2 **L'affirmation du roi face à un grand vassal**

« La cour du roi de France se réunit [en 1202] et jugea que le roi d'Angleterre [Jean sans Terre] devait être privé de toute la terre que jusque-là ses prédécesseurs et lui avaient tenue en fiefs des rois de France, parce que depuis longtemps, ils avaient négligé volontairement de fournir presque tous les services dus pour ces terres et qu'ils ne voulaient en rien obéir à leur seigneur. »

Raoul de Coggeshall, *Chroniques*, XIIIe siècle.

Les escales

Zoom compétence

Situer des faits dans une période

Se repérer dans le temps (domaines 1, 2 et 4 du socle commun)

1 À l'aide des documents, complétez le tableau. Que constatez-vous ?

	Date	À qui appartient la majorité du royaume de France ?	
Arrivée au pouvoir de Philippe Auguste	....	Au roi de France ☐	Au roi d'Angleterre ☐
Fin du règne de Philippe Auguste	....	Au roi de France ☐	Au roi d'Angleterre ☐

....
....
....
....

2 À l'aide de votre manuel et des documents, définissez les termes suivants.

Domaine royal : ....

Fief : ....

3 Sur le doc. 1, entourez les territoires reconquis par le roi de France. Que constatez-vous ? Selon le doc. 2, comment le roi agit-il face à ses grands vassaux ?

....
....
....
....
....

Comment Philippe Auguste affirme-t-il la puissance du roi de France ?

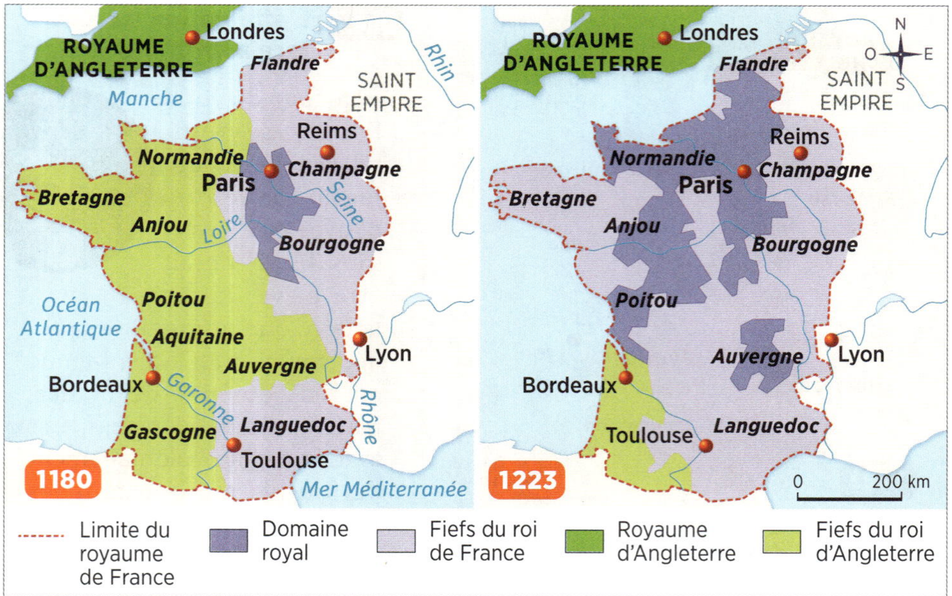

Doc. 1 **L'évolution du royaume de France sous le règne de Philippe Auguste (1180-1223)**

Doc. 2 **L'affirmation du roi face à un grand vassal**

« La cour du roi de France se réunit [en 1202] et jugea que le roi d'Angleterre [Jean sans Terre] devait être privé de toute la terre que jusque-là ses prédécesseurs et lui avaient tenue en fiefs des rois de France, parce que depuis longtemps, ils avaient négligé volontairement de fournir presque tous les services dus pour ces terres et qu'ils ne voulaient en rien obéir à leur seigneur. »

Raoul de Coggeshall, *Chroniques*, XIIIe siècle.

Les escales

Zoom compétence

Situer des faits dans une période

Se repérer dans le temps *(domaines 1, 2 et 4 du socle commun)*

1 Relevez les dates du règne Philippe Auguste. D'après le doc. 1, quelle est la situation du royaume de France quand il monte sur le trône ?

....

....

....

....

....

....

Pour situer des faits dans une période, il faut repérer ce qui se passe à la même époque. Relevez les dates de la période concernée, puis recherchez dans le document et dans vos connaissances les circonstances politiques, militaires, économiques, religieuses qui éclairent le fait que vous étudiez.

2 Quelle différence faites-vous entre fief et domaine royal ?

....

....

....

3 Comment évolue le domaine royal sous le règne de Philippe Auguste ? Comment le roi agit-il face à ses grands vassaux ?

....

....

....

....

....

....

Sociétés, Église et pouvoir politique dans l'Occident féodal (XIe-XVe siècles)

A. J'AI TRAVAILLÉ DES COMPÉTENCES

Évaluez votre maîtrise des compétences travaillées dans ce thème.

	très bonne maîtrise	maîtrise satisfaisante	maîtrise fragile	maîtrise insuffisante	Remarque
réaliser un schéma de synthèse ➤ fiche 8					
s'exprimer à l'oral ➤ fiche 9					
justifier une interprétation ➤ fiche 10					
travailler en commun ➤ fiche 11					
situer des faits dans une période ➤ fiche 12					

B. J'AI CONSTRUIT DES REPÈRES

Repères dans le temps
- couronnement et sacre d'Hugues Capet
- XIe-XIVe siècle : doublement de la population européenne
- bataille de Bouvines
- guerre de Cent Ans

1 Sur la frise, attribuez à chaque date l'événement qui correspond parmi la liste suivante : *bataille de Bouvines – couronnement et sacre d'Hugues Capet – guerre de Cent Ans – doublement de la population européenne.*

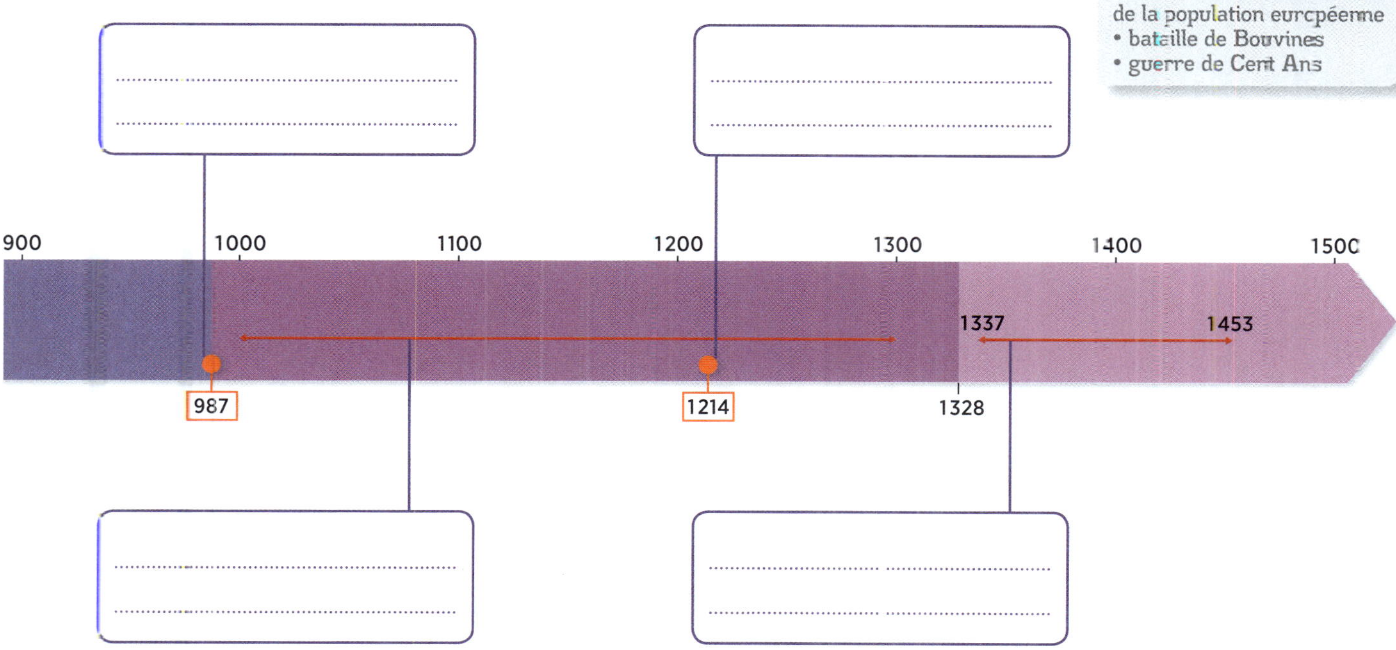

2 Expliquez, pour chacune des deux dates, pourquoi cet événement est important pour l'affirmation de l'État royal en France.

987 : ....

....

....

1214 : ....

....

....

Pourquoi la Méditerranée est-elle un espace de rivalités au XVIe siècle ?

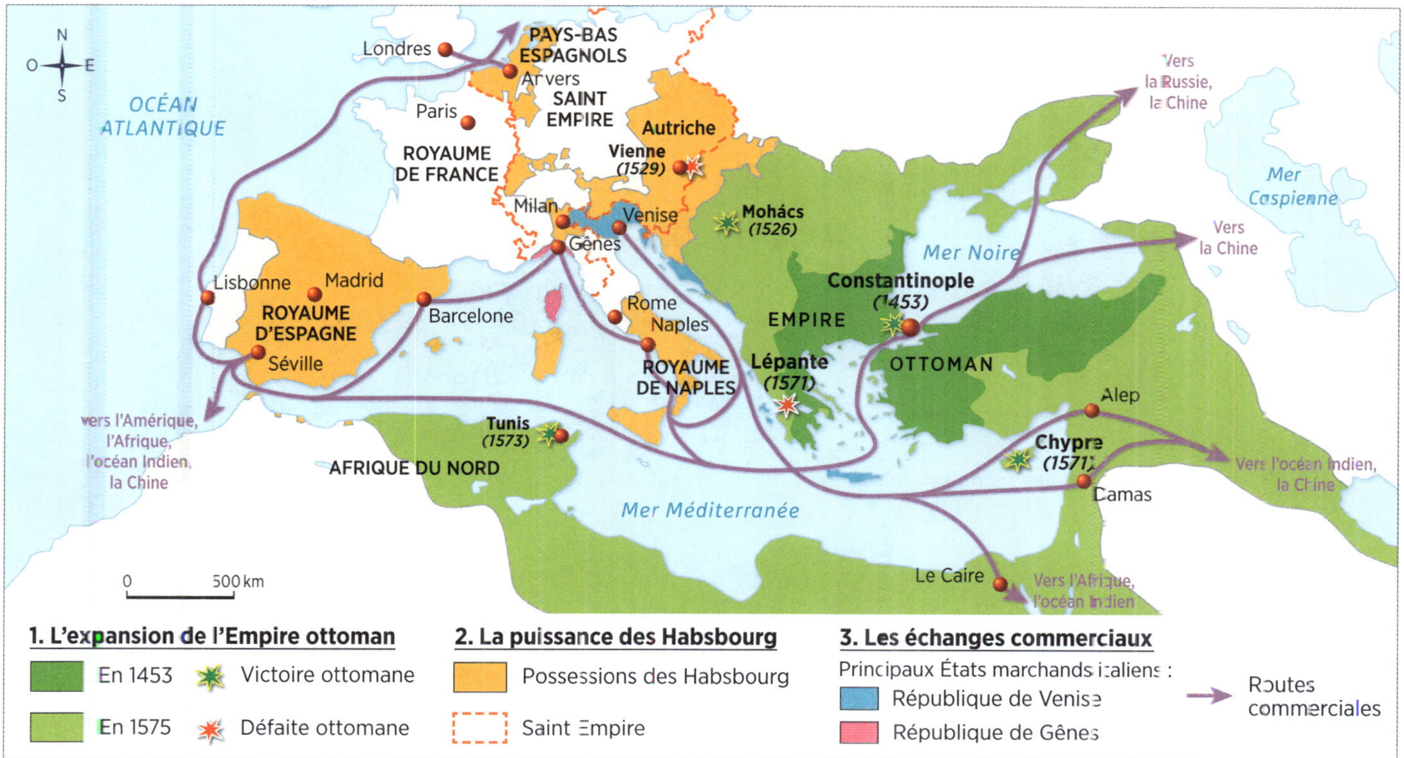

Doc. 1 La Méditerranée en 1575

Les escales

Zoom compétence

Extraire des informations d'une carte

Analyser et comprendre un document (domaines 1 et 2 du socle commun)

1 Sur la carte, entourez la capitale de l'Empire ottoman. Dans la légende, soulignez le nom de la grande famille de souverains européens. Puis complétez le tableau à l'aide des informations fournies par la carte.

	Possessions de l'Empire ottoman	Possessions des Habsbourg
En Europe	Europe centrale	Pays-Bas, ...
En Asie	....	
En Afrique	....	

2 Qu'est-ce qui indique sur la carte que les deux puissances s'affrontent ?

....

Qu'est-ce qui indique sur la carte que la Méditerranée est aussi un espace d'échanges ?

....

Pour extraire des informations d'une carte, utilisez la méthode **TORE**
– Repérez le **T**itre de la carte qui vous indique le thème traité, ainsi que la date ou période couverte.
– Observez l'**O**rganisation de la légende afin de repérer la signification des figurés utilisés sur la carte.
– **R**epérez les lieux ou les zones où se situe chaque figuré sur la carte.
– **E**xpliquez en une phrase ce que vous avez observé pour répondre à la question posée.

AP ACCOMPAGNEMENT PERSONNALISÉ

☐ EXPLORATION GUIDÉE ou ☑ EXPLORATION AUTONOME

Pourquoi la Méditerranée est-elle un espace de rivalités au XVIe siècle ?

Doc. 1 **La Méditerranée en 1575**

Les escales

Zoom compétence

Extraire des informations d'une carte

Analyser et comprendre un document *(domaines 1 et 2 du socle commun)*

1. Quelles sont les deux grandes puissances rivales en Méditerranée au XVIe siècle ? Pour chacune, citez deux territoires bordés par la mer Méditerranée.

....

....

....

....

....

2. À l'aide de la carte et de vos réponses, montrez que la Méditerranée est un espace d'affrontements mais aussi d'échanges au XVIe siècle.

....

....

....

....

....

....

Pour extraire des informations d'une carte, utilisez la méthode **TORE**
- Repérez le **Titre** de la carte qui vous indique le thème traité, ainsi que la date ou période couverte.
- Observez l'**Organisation** de la légende afin de repérer la signification des figurés utilisés sur la carte.
- **Repérez** les lieux ou les zones où se situe chaque figuré sur la carte.
- **Expliquez** en une phrase ce que vous avez observé pour répondre à la question posée.

Comment l'Europe s'ouvre-t-elle au monde au XVIe siècle ? Fernand de Magellan

La mission

Vous participez à un concours pour gagner un voyage de classe en Amérique du Sud. Pour être sélectionnés, vous devez présenter un exposé sur les grands voyages de découvertes au XVIe siècle et sur le navigateur portugais Fernand de Magellan. Vous avez réuni des documents afin de préparer votre présentation.

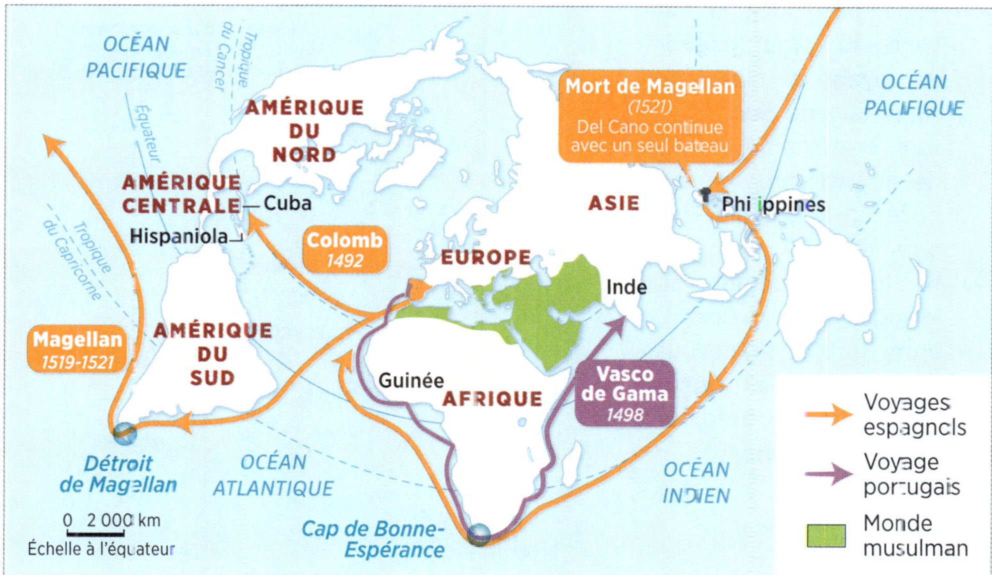

Doc. 1 Les grands voyages de découvertes au XVIe siècle

Doc. 2 Les voyages de Magellan

a. Magellan au service de Charles Quint

« Vous, Fernand de Magellan, avez exprimé la volonté de nous rendre un service en vous engageant à découvrir, des îles, des terres, de précieuses épices, qui dans la mer Océane revient à notre couronne. Nous vous accordons le vingtième de tous les bénéfices que produiront les terres et les îles découvertes. Je m'engage à vous fournir cinq navires équipés en artillerie, en vivres pour deux ans et 234 hommes. »

D'après le contrat passé entre Magellan et Charles Quint, roi d'Espagne, en 1518.

b. Les échanges dans les îles

15 avril 1521 à Cébu (Philippines)

« Le capitaine parla au roi de l'île de Cébu au moyen de l'interprète pour l'inciter à la foi en Jésus-Christ. Il lui dit qu'il fallait brûler les idoles de son pays et, à leur place, mettre une croix. »

27 novembre avril 1521 aux îles Moluques (Indonésie)

« Le roi de l'île de Bacchian demanda à ses sujets de porter des girofles [épices] à nos navires. Durant deux jours, nous fîmes du commerce. »

D'après le Journal de bord d'Antonio Pigafetta, marin italien sous les ordres de Magellan puis de Del Cano, 1519-1522.

Compétence
Organiser son travail dans le groupe
Coopérer et mutualiser (domaines 2 et 3 du socle commun)

....

....

....

....

....

....

....

....

....

Comment l'Europe s'ouvre-t-elle au monde au XVIe siècle ? Hernán Cortès

La mission

Vous participez à un concours pour gagner un voyage de classe en Amérique du Sud. Pour être sélectionnés, vous devez présenter un exposé sur le premier Empire colonial espagnol et le conquérant du Mexique, Hernán Cortès, entre 1519 et 1521. Vous avez réuni des documents afin de préparer votre présentation.

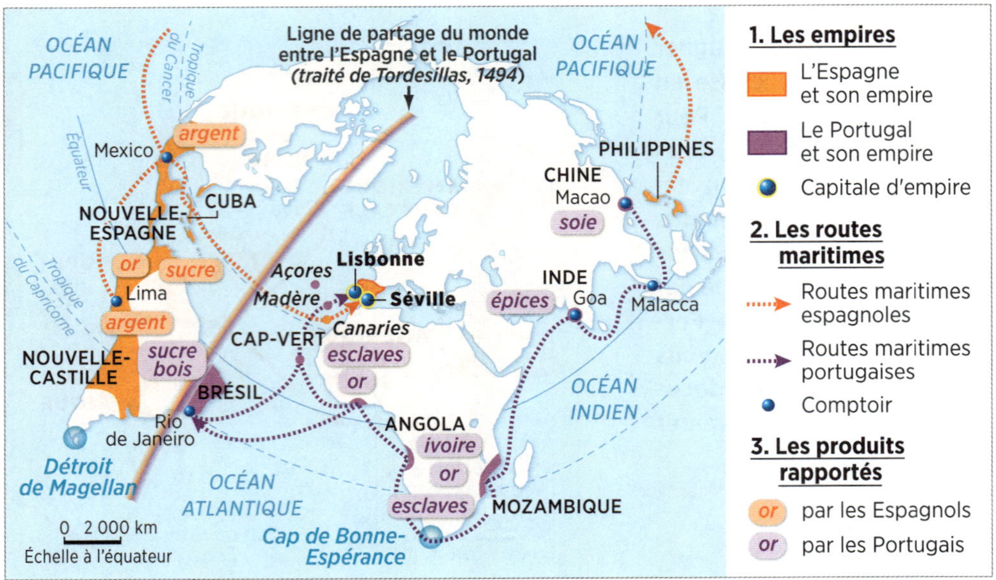

Doc. 1 Les premiers empires coloniaux au XVIe siècle

Doc. 2 Cortès découvre Tenochtitlan (Mexico), capitale des Aztèques

« En arrivant à la grande place, nous tombâmes en admiration devant l'immense quantité de marchandises qui s'y trouvait. Commençons par les marchands d'or, d'argent, de pierres précieuses, de plumes, d'étoffes, de broderies et d'autres produits ; puis les esclaves, en grande quantité. »

D'après Bernal Diaz del Castillo, *Histoire véridique de la conquête de la Nouvelle-Espagne*, 1575.

Doc. 3 Le sort des Amérindiens

La population du Mexique central passe de 25 millions d'habitants en 1519 à 17 millions en 1532.

« Les Indiens étant par nature esclaves, barbares, incultes et inhumains, s'ils refusent d'obéir à d'autres hommes plus parfaits, il est juste de les soumettre par la force et par la guerre. »

Juan Ginés de Sepulveda, *Débats de Valladolid*, 1550.

Compétence
Organiser son travail dans le groupe
Coopérer et mutualiser
(domaines 2 et 3 du socle commun)

....
....
....
....
....
....
....
....
....
....

Quelle nouvelle vision de l'homme s'impose aux XVe et XVIe siècles ? Érasme

Les indices

Doc. 1 Les idées d'Érasme

a. Sur l'éducation

Erasme décrit l'un de ses anciens élèves.

« Il s'exerçait sous ma direction à la littérature grecque. En même temps, il étudiait les sciences juridiques, il suivait les leçons de rhétorique, et sur un thème proposé écrivait et déclamait un discours. Il étudiait le grec et chaque jour répétait la leçon qui lui avait été donnée. »

D'après Érasme, *Les Adages*, 1500.

b. Sur la religion

« Je désirerais que les Évangiles soient traduits dans toutes les langues. Pourquoi parait-il inconvenant que quelqu'un prononce l'Évangile dans la langue où il est né et qu'il comprend : le Français en français, le Breton en breton, l'Indien en indien ? Ce qui me paraît bien plus inconvenant, ou mieux ridicule, c'est que des gens sans instruction marmonnent leurs prières du dimanche en latin, alors qu'ils ne comprennent pas ce qu'ils prononcent. »

D'après Érasme, *Préface à la Paraphrase de saint Matthieu*, 1516.

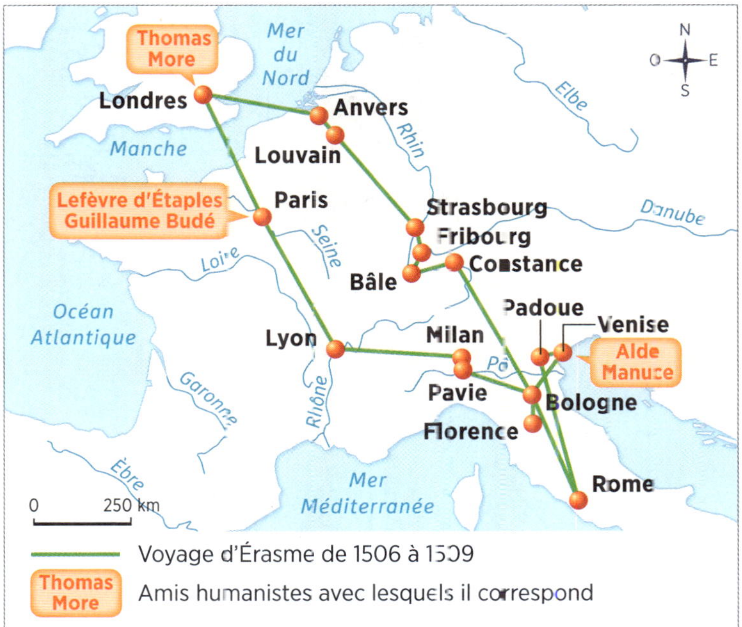

Doc. 2 Les voyages d'Érasme

D'origine hollandaise, Érasme (vers 1469-1536) est d'abord moine, puis se consacre aux études et enseigne dans de nombreuses universités d'Europe.

Compétence

Comprendre le sens général de plusieurs documents

Analyser et comprendre un document *(domaines 1 et 2 du socle commun)*

1 Équipe A, qui est Érasme et quand a-t-il vécu ?

....

2 À l'aide des documents, complétez le tableau.

idées d'Érasme sur l'éducation	idées d'Érasme sur la religion	moyens de diffusion de ses idées
....	....	....
....	....	....
....	....	....
....	....	....
....	....	....

3 Quelle est la conception d'Érasme de l'homme idéal ? Comment a-t-il diffusé ses idées ?

....
....
....
....
....
....

Quelle nouvelle vision de l'homme s'impose aux XVe et XVIe siècles ?

Léonard de Vinci

Les indices

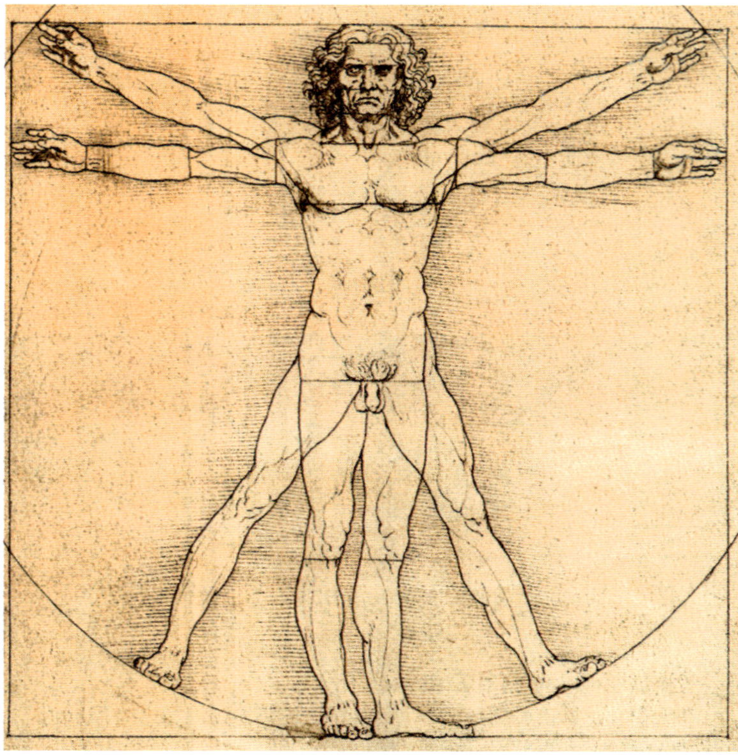

Doc. 1 L'homme, mesure de toutes choses

Dessin de Léonard de Vinci, vers 1492.

Léonard de Vinci, artiste et savant italien (1452-1519), illustre par un dessin les proportions idéales du corps humain. Il s'inspire de Vitruve, un architecte romain du Ier siècle avant J.-C.

Doc. 2 La passion de la recherche

« J'ai imaginé toutes ces machines parce que j'étais possédé, comme tous les hommes de mon temps, par une volonté de puissance. J'ai voulu dompter le monde. Mais j'ai voulu aussi passionnément connaître et comprendre la nature humaine, savoir ce qu'il y avait à l'intérieur de nos corps. Pour cela, des nuits entières, j'ai disséqué des cadavres, bravant ainsi l'interdiction du pape. Rien ne me rebutait. Tout, pour moi, était sujet d'étude. La lumière, par exemple, pour le peintre que j'étais. Que de recherches passionnantes ! À travers tous mes travaux, et particulièrement à travers ma peinture, ce que j'ai cherché toute ma vie, c'est à comprendre le mystère de la nature humaine. »

D'après Léonard de Vinci, *Carnets*, XVIe siècle.

Compétence

Comprendre le sens général de plusieurs documents

Analyser et comprendre un document *(domaines 1 et 2 du socle commun)*

1 Équipe B, qui est Léonard de Vinci ? Quand a-t-il vécu ?

....

2 À l'aide des documents, complétez le tableau.

Sujet principal de ses travaux	Travaux dont il s'inspire	Méthodes utilisées	Qualités requises
....	....	....	....
....	....	....	....
....	....	....	....
....	....	....	....

3 Pourquoi Léonard de Vinci incarne-t-il parfaitement l'humanisme et la Renaissance ?

....

....

....

....

....

....

....

Comment Luther rompt-il avec l'Église catholique ?

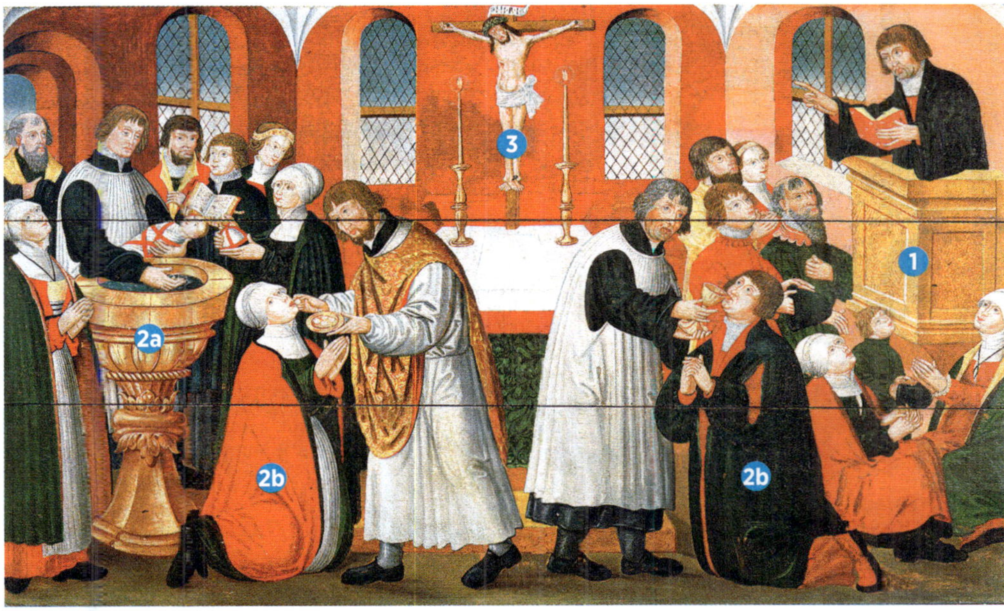

Doc. 1 Le culte luthérien dans un temple

Peinture sur bois de l'autel de l'église de Torslunde, Danemark, 1561. Musée national de Copenhague.
Luther (1483-1546) est un moine et un professeur de théologie à l'université de Wittenberg, en Saxe.

1. Luther lisant la Bible en allemand **2a.** et **2b.** seuls deux sacrements sont reconnus par Luther, au lieu de sept dans le catholicisme **3.** unique image admise dans le temple

Doc. 2 Les idées de Luther

a. Sur les indulgences et le pape
« Les prédicateurs se trompent quand ils disent que les indulgences[1] du pape délivrent l'homme de toutes les peines et le sauvent. Pourquoi le pape, dont la bourse est plus grosse que celle des plus riches, n'édifie-t-il pas la basilique Saint-Pierre avec ses propres deniers plutôt qu'avec l'argent des pauvres fidèles ? »

D'après Luther, extraits des 95 thèses, 1517.

1. dans l'Église catholique, pardon des pêchés accordé en échange d'une somme d'argent.

b. Sur la foi
« La foi suffit à un chrétien pour assurer son salut. Il n'a besoin d'aucune œuvre[2]. »

Luther, *De la liberté du chrétien*, 1520.

2. pour les catholiques, une action bienfaisante (charité, don, etc.).

c. Sur les Écritures saintes
« Dans ma traduction de la Bible, je me suis efforcé de parler un allemand intelligible. »

À propos de sa traduction de la Bible en 1522.

Les escales

1 Qui est Luther ? Quand a-t-il vécu ?

....

Zoom compétence
Justifier une démarche

Raisonner, justifier une démarche
(domaines 1 et 2 du socle commun)

2 Entourez dans les documents les éléments qui permettent de justifier les propositions suivantes :

a. en rouge : Luther est favorable à la traduction de la Bible (écrite en latin) dans la langue des fidèles.

b. en bleu : Luther est scandalisé par la richesse du pape et l'un de ses agissements.

c. en vert : Le culte luthérien s'éloigne de certaines pratiques catholiques.

Lisez plusieurs fois l'affirmation que vous devez confirmer puis dégagez-en le thème abordé. Recherchez ensuite, dans les documents, ceux qui abordent le même thème et relevez les éléments qui vous permettent de justifier la proposition.

ACCOMPAGNEMENT AP PERSONNALISÉ

☐ EXPLORATION GUIDÉE ou ☑ EXPLORATION AUTONOME

Comment Luther rompt-il avec l'Église catholique ?

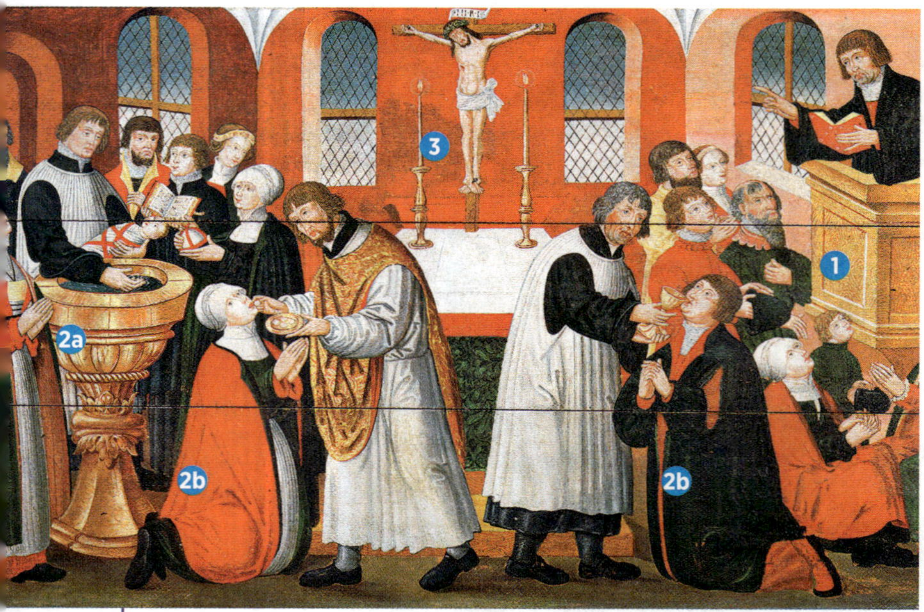

Doc. 1 Le culte luthérien dans un temple

Peinture sur bois de l'autel de l'église de Torslunde, Danemark, 1561. Musée national de Copenhague.

Luther (1483-1546) est un moine et un professeur de théologie à l'université de Wittenberg en Saxe. **1.** Luther lisant la Bible en allemand **2a.** et **2b.** seuls deux sacrements sont reconnus par Luther, au lieu de sept dans le catholicisme **3.** unique image admise dans le temple

Doc. 2 Les idées de Luther

a. Sur les indulgences et le pape

« Les prédicateurs se trompent quand ils disent que les indulgences[1] du pape délivrent l'homme de toutes les peines et le sauvent. Pourquoi le pape, dont la bourse est plus grosse que celle des plus riches, n'édifie-t-il pas la basilique Saint-Pierre avec ses propres deniers plutôt qu'avec l'argent des pauvres fidèles ? »

D'après Luther, extraits des 95 thèses, 1517.

1. dans l'Église catholique, pardon des pêchés accordé en échange d'une somme d'argent.

b. Sur la foi

« La foi suffit à un chrétien pour assurer son salut. Il n'a besoin d'aucune œuvre[2]. »

Luther, *De la liberté du chrétien*, 1520.

2. pour les catholiques, une action bienfaisante (charité, don, etc.).

c. Sur les Écritures saintes

« Dans ma traduction de la Bible, je me suis efforcé de parler un allemand intelligible. »

À propos de sa traduction de la Bible en 1522.

Les escales

1. Qui est Luther ? Quand a-t-il vécu ?

....

Zoom compétence

Justifier une démarche

Raisonner, justifier une démarche
(domaines 1 et 2 du socle commun)

2. Justifiez chacune des propositions suivantes à l'aide des informations fournies par les documents.

a. Luther est favorable à la traduction de la Bible (écrite en latin) dans la langue des fidèles.

....

....

b. Luther est scandalisé par la richesse du pape et l'un de ses agissements.

....

....

....

c. Le culte luthérien s'éloigne de certaines pratiques catholiques.

....

....

....

....

....

Comment les rois de France renforcent-ils leur pouvoir au XVIe siècle ?
François Ier

Les indices

Doc. 1 François Ier, roi puissant

« La volonté du roi est tout désormais, car il n'y a personne qui ose contredire le monarque. Les Français ont entièrement remis leur liberté et leur volonté aux mains de leur roi. Il lui suffit de dire : "Je veux, j'ordonne", et l'exécution est aussi prompte que si c'était la nation entière qui eût décidé de son propre mouvement. On paye au roi tout ce qu'il demande. La royauté fait des progrès continuels en richesse. Les grands seigneurs, étant pauvres, ne peuvent rien oser contre le roi, ainsi qu'ils le faisaient jadis. Le roi nomme à 82 évêchés, à 527 abbayes : ce privilège lui assure la plus grande obéissance du haut clergé. »

D'après le rapport de Marino Cavalli, ambassadeur de Venise, 1546.

Doc. 2 François Ier à la bataille de Marignan en 1515

Miniature sur vélin, attribuée à Noël Bellemare, dans les Oraisons de Cicéron *traduites par Étienne Le Blanc, vers 1529-1530. Bibliothèque nationale de France, Paris.*
Durant les guerres d'Italie, la bataille oppose l'armée de François Ier aux troupes suisses, alliées du duc de Milan.

Compétence
Identifier le point de vue d'un document
Analyser et comprendre un document (domaines 1 et 2 du socle commun)

1 Équipe A, à quelles dates François Ier règne-t-il ?

....

2 À l'aide du doc. 1, classez les aspects de la puissance du roi selon différents domaines.
- politique : ....
- religieux : ....
- financier : ....

3 Quelle image du roi le doc. 2 donne-t-il ? Comment ?

....

....

....

....

....

Interrogez-vous : l'image diffusée du roi est-elle positive ou négative ? Selon votre réponse, relevez les éléments ou les moyens utilisés par le peintre pour imposer cette vision.

4 À partir de vos réponses, préparez un oral de 2 à 3 minutes pour montrer comment le pouvoir du roi est renforcé sous François Ier.

ENQUÊTE ÉQUIPE B

Comment les rois de France renforcent-ils leur pouvoir au XVIe siècle ? Henri IV

Les indices

Doc. 1 Henri IV renonce à la foi protestante

Tableau attribué à Nicolas Bollery, XVIe siècle. Musée d'art et d'histoire, Meudon.

Le 25 juillet 1593, à la basilique Saint-Denis, Henri IV renonce à sa foi protestante et se convertit au catholicisme.

Doc. 2 Le rétablissement d'un État royal fort

Majoritairement catholiques, les magistrats du Parlement de Paris s'opposent à l'édit de Nantes[1].

« Je vous prie d'enregistrer l'édit que j'ai accordé à ceux de la religion prétendue réformée[2]. Ce que j'ai fait est pour le bien de la paix. Vous me devez obéir, compte tenu de l'obligation qu'ont tous mes sujets envers moi. Si l'obéissance était due à mes prédécesseurs, elle m'est due autant et plus parce que j'ai rétabli l'État, Dieu m'ayant choisi pour me placer à la tête du royaume. Je suis roi maintenant, et parle en roi, et veux être obéi. Faites seulement ce que je vous commande, pour moi mais aussi pour le bien de la paix. »

D'après la Déclaration du roi Henri IV aux magistrats du Parlement de Paris convoqués au Louvre, 1599.

1. décision royale par laquelle Henri IV reconnaît aux protestants le droit de pratiquer leur culte, dans le but de mettre fin aux guerres de Religion.
2. religion protestante.

Compétence

Identifier le point de vue d'un document

Analyser et comprendre un document *(domaines 1 et 2 du socle commun)*

1 Équipe B, à quelles dates Henri IV règne-t-il ? Quelle est la situation de la France lorsqu'il arrive au pouvoir ?

....

....

2 Décrivez le doc. 1. Pourquoi Henri IV se convertit-il à la religion catholique ? Quelle image cette peinture renvoie-t-elle ?

....

....

....

....

....

....

....

Interrogez-vous : l'image diffusée du roi est-elle positive ou négative ? Selon votre réponse, relevez les éléments ou les moyens utilisés par le peintre pour imposer cette vision.

3 D'après le doc. 2, d'où le roi prétend-il tenir son pouvoir ?

....

4 À partir de vos réponses, préparez un oral de 2 à 3 minutes pour montrer comment le pouvoir du roi est rétabli et renforcé sous Henri IV.

Comment Louis XIV incarne-t-il la monarchie absolue de droit divin ?

Doc. 1 Louis XIV définit le pouvoir royal

« Toute puissance, toute autorité résident dans la main du Roi. Tout ce qui se trouve dans l'étendue de nos États nous appartient. Les rois sont seigneurs absolus. Celui qui a donné des rois aux hommes a voulu qu'on les respectât comme ses lieutenants, se réservant à lui seul le droit d'examiner leur conduite. La volonté de Dieu est que quiconque est né sujet obéisse totalement au Roi. Si mauvais que puisse être un prince, la révolte de ses sujets est toujours infiniment criminelle. »

D'après Louis XIV, *Mémoires pour servir à l'instruction du dauphin*, 1666.

Doc. 2 Louis XIV en costume de sacre

Peinture de Hyacinthe Rigaud, 1701. Huile sur toile, 277 × 194 cm. Musée du Louvre, Paris.

Les escales

1. À quelles dates Louis XIV règne-t-il personnellement ?

....

....

2. Dans les documents, entourez : en rouge, la phrase qui résume le mieux la puissance du roi (doc. 1) ; en bleu, les symboles de son pouvoir judiciaire et militaire (doc. 2) ; en vert, l'origine divine de son pouvoir (doc. 1 et 2).

Zoom compétence

Utiliser un vocabulaire précis

Pratiquer différents langages
(domaines 1, 2 et 4 du socle commun)

3. Dans le doc. 1, par quel adjectif Louis XIV qualifie-t-il son pouvoir ?

....

4. Louis XIV fait triompher la « monarchie absolue de droit divin ». À l'aide de vos réponses et des documents, expliquez cette expression.

Interrogez vous sur le sens de chaque terme. Utilisez vos propres mots et soyez précis et clair dans votre réponse.

Monarchie absolue de droit divin

....	....
....	....
....	....

Comment Louis XIV incarne-t-il la monarchie absolue de droit divin ?

Doc. 1 Louis XIV définit le pouvoir royal

« Toute puissance, toute autorité résident dans la main du Roi. Tout ce qui se trouve dans l'étendue de nos États nous appartient. Les rois sont seigneurs absolus. Celui qui a donné des rois aux hommes a voulu qu'on les respectât comme ses lieutenants, se réservant à lui seul le droit d'examiner leur conduite. La volonté de Dieu est que quiconque est né sujet obéisse totalement au Roi. Si mauvais que puisse être un prince, la révolte de ses sujets est toujours infiniment criminelle. »

D'après Louis XIV, *Mémoires pour servir à l'instruction du dauphin*, 1666.

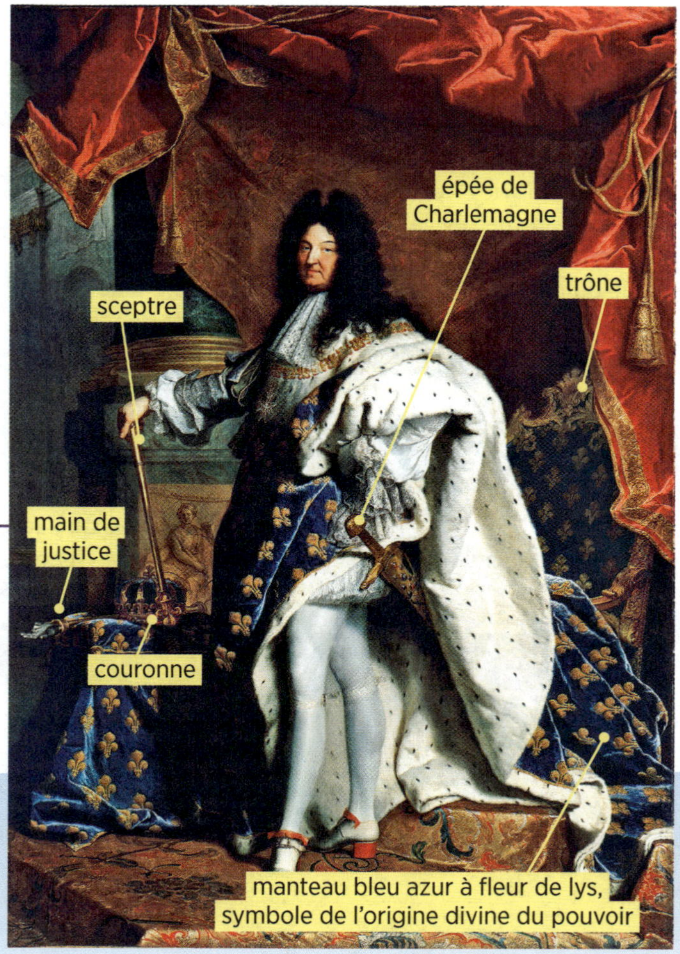

Doc. 2 Louis XIV en costume de sacre

Peinture de Hyacinthe Rigaud, 1701. Huile sur toile, 277 × 194 cm. Musée du Louvre, Paris.

Les escales

1. À quelles dates Louis XIV règne-t-il personnellement ?

....

....

2. Classez dans le tableau les éléments du doc. 2.

Symboles du pouvoir politique	Symboles des pouvoirs judiciaire et militaire	Origine du pouvoir
....	....	....
....	....	....

Zoom compétence

Utiliser un vocabulaire précis

Pratiquer différents langages
(domaines 1, 2 et 4 du socle commun)

3. Dans le doc. 1, par quel adjectif Louis XIV qualifie-t-il son pouvoir ?

....

4. À l'aide de vos réponses et des documents, expliquez l'expression « monarchie absolue de droit divin ».

....

....

....

....

....

Interrogez vous sur le sens de chaque terme. Utilisez vos propres mots et soyez précis et clair dans votre réponse.

Transformations de l'Europe et ouverture sur le monde aux XVIe et XVIIe siècles

A. J'AI TRAVAILLÉ DES COMPÉTENCES

Évaluez votre maîtrise des compétences travaillées dans ce thème.

	très bonne maîtrise	maîtrise satisfaisante	maîtrise fragile	maîtrise insuffisante	Remarque
extraire des informations d'une carte ➤ fiche 14					
organiser son travail dans le groupe ➤ fiche 15					
comprendre le sens général de plusieurs documents ➤ fiche 16					
justifier une démarche ➤ fiche 17					
identifier le point de vue d'un document ➤ fiche 18					
utiliser un vocabulaire précis ➤ fiche 19					

B. J'AI CONSTRUIT DES REPÈRES

Repères dans le temps
- 95 thèses de Luther
- édit de Nantes
- règne personnel de Louis XIV

1 Sur la frise, placez les événements suivants à la date correspondante : *Luther publie ses 95 thèses – édit de Nantes.*
Puis rédigez une phrase pour expliquer les conséquences de chacun de ces deux événements pour l'unité de la religion chrétienne en Europe en en France.

2 Hachurez en rouge sur la frise le règne personnel de Louis XIV. Comment nomme-t-on le régime politique que ce roi incarne ?

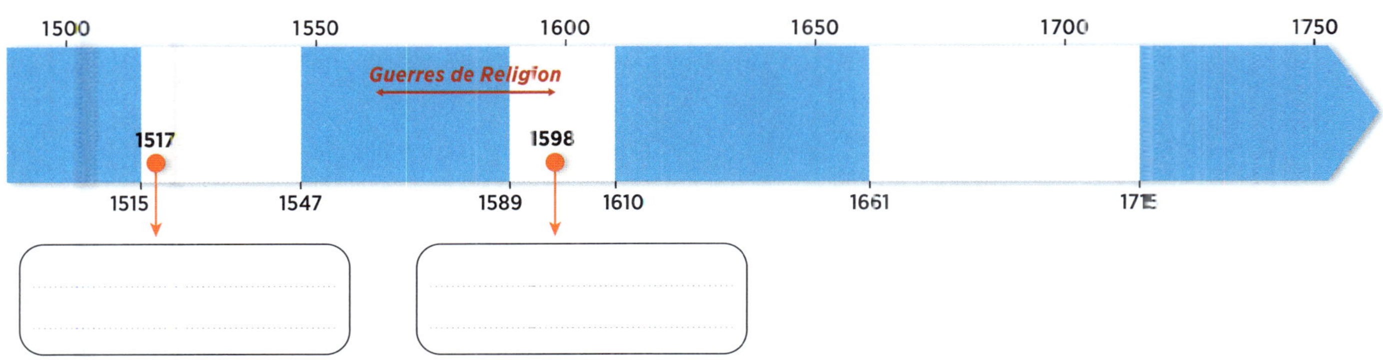

Quelle est la situation démographique de l'Inde ?

Doc. 1 **L'évolution de la population en Inde**

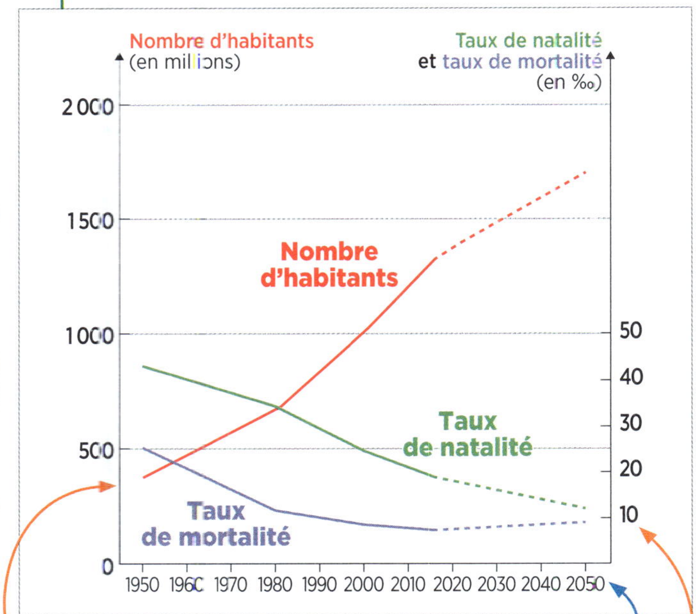

Sur cet axe sont indiquées les DONNÉES CHIFFRÉES : à gauche, le nombre d'habitants (en millions) ; à droite, les taux (pour mille).

Sur cet axe sont indiquées les ANNÉES.

Doc. 2 **Des Indiens de plus en plus nombreux**

« En Inde, pas de risque immédiat de vieillissement de la population. Ce géant d'Asie de plus de 1,3 milliard d'habitants devrait devenir l'État le plus peuplé de la planète avant 2030. Malgré une politique de limitation des naissances et l'accès à des méthodes contraceptives (pilule, préservatif...), l'Inde n'a pas stabilisé sa population. Depuis un siècle, les Indiens ont vu leur nombre multiplié par cinq sous l'effet des progrès de la médecine, du recul des épidémies et de la disparition des famines. Entre 2001 et 2011, le nombre d'habitants a augmenté de 181 millions, soit presque la population du Brésil. Comme souvent en Inde, les chiffres généraux cachent une réalité contrastée entre le Nord et le Sud. Le Sud de l'Inde a achevé sa transition démographique, c'est-à-dire le passage d'une population ayant des taux de natalité et de mortalité élevés à une population ayant des taux de natalité et de mortalité faibles. À l'inverse, les familles à quatre enfants et plus sont encore nombreuses dans les États du Nord. »

Extrait d'un article d'Olivier Tallès, *La Croix*, 28 juillet 2015.

Les escales

Zoom compétence

Extraire des informations d'un graphique

Analyser et comprendre un document
(domaines 1 et 2 du socle commun)

1 Observez attentivement le doc. 1, puis indiquez pour chaque date le nombre d'habitants en Inde.

1950	....
2000	....
2015	....

Comparez les chiffres relevés. Que constatez-vous ?

....

....

....

....

2 Dans le doc. 2, soulignez en rouge les éléments qui expliquent, selon l'auteur, la forte croissance démographique de l'Inde. Puis, dans le tableau de la question 1, entourez en vert les éléments du graphique qui confirment ces explications.

3 À l'aide des documents et de vos réponses, entourez les propositions ci-dessous qui décrivent, selon vous, le mieux la situation démographique de l'Inde *(plusieurs réponses attendues)*.

- *La population de l'Inde augmente peu.*
- *La population de l'Inde baisse fortement.*
- *La population de l'Inde augmente fortement.*
- *Malgré une politique volontariste, l'Inde n'a pas réussi à stabiliser sa population.*
- *Les régions du Nord continuent à avoir une natalité élevée, contrairement aux régions du Sud.*
- *L'Inde n'a jamais cherché à stabiliser sa population.*

Quelle est la situation démographique de l'Inde ?

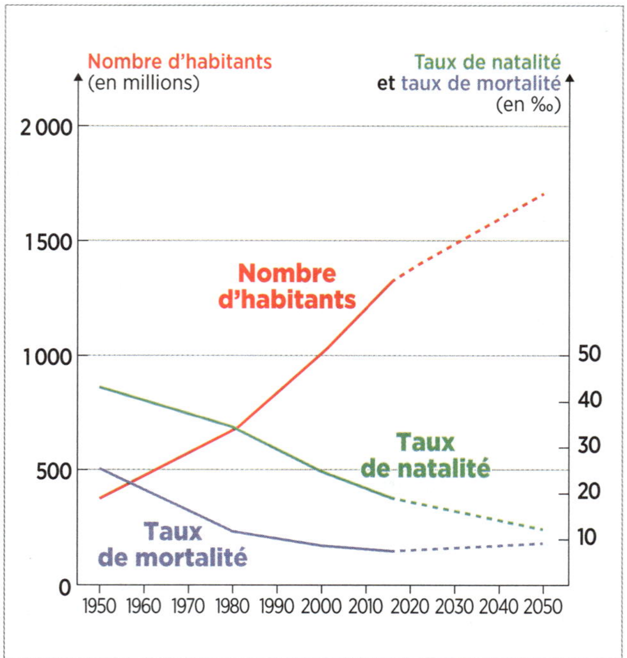

Doc. 1 L'évolution de la population en Inde

Doc. 2 Des Indiens de plus en plus nombreux

« En Inde, pas de risque immédiat de vieillissement de la population. Ce géant d'Asie de plus de 1,3 milliard d'habitants devrait devenir l'État le plus peuplé de la planète avant 2030. Malgré une politique de limitation des naissances et l'accès à des méthodes contraceptives (pilule, préservatif…), l'Inde n'a pas stabilisé sa population. Depuis un siècle, les Indiens ont vu leur nombre multiplié par cinq sous l'effet des progrès de la médecine, du recul des épidémies et de la disparition des famines. Entre 2001 et 2011, le nombre d'habitants a augmenté de 181 millions, soit presque la population du Brésil. Comme souvent en Inde, les chiffres généraux cachent une réalité contrastée entre le Nord et le Sud. Le Sud de l'Inde a achevé sa transition démographique, c'est-à-dire le passage d'une population ayant des taux de natalité et de mortalité élevés à une population ayant des taux de natalité et de mortalité faibles. À l'inverse, les familles à quatre enfants et plus sont encore nombreuses dans les États du Nord. »

Extrait d'un article d'Olivier Tallès, *La Croix*, 28 juillet 2015.

Les escales

Zoom compétence

Extraire des informations d'un graphique

Analyser et comprendre un document *(domaines 1 et 2 du socle commun)*

1. À l'aide du doc. 1, décrivez l'évolution de la population indienne depuis 1950.

....

....

....

....

....

> Pour analyser un graphique, je repère les données indiquées sur chaque axe, puis je relève celles en début et en fin de courbe.
> J'utilise un vocabulaire précis pour qualifier l'évolution (hausse, baisse, stagnation) et son intensité (forte, faible, irrégulière…).

2. En vous aidant des doc. 1 et 2, comment pouvez-vous expliquer la forte croissance démographique de l'Inde ?

....

....

....

3. Décrivez en quelques lignes la situation démographique de l'Inde.

....

....

....

....

....

Quels sont les défis que la croissance démographique pose à l'Inde ?
Les villes

Les indices

Doc. 1 Les défis des villes indiennes

« Premier défi que rencontre ce pays-continent : la croissance démographique. Le pays devrait voir sa population augmenter d'un tiers pour atteindre 1,7 milliard d'habitants d'ici à 2050, devenant le pays le plus peuplé de la planète. Deuxième enjeu majeur, le processus d'urbanisation accéléré et les besoins associés en termes d'infrastructures : entre 400 et 500 millions de nouveaux résidents sont attendus en zone urbaine d'ici à 2050, ce qui rend plus difficiles les prévisions de construction d'écoles, d'hôpitaux, de logements, de routes... [...] Les grandes villes indiennes sont aujourd'hui parmi les plus polluées du monde, du fait d'un trafic automobile intense, mais aussi du recours massif au charbon, que ce soit pour les activités industrielles ou pour la production d'électricité. »

« Entre développement économique et défi climatique, où en est l'Inde ? », article de l'Institut du développement durable et des relations internationales (Iddri) pour *Le Monde*, 5 octobre 2015.

Doc. 2 New Delhi

Compétence
Se poser des questions sur une situation géographique
Raisonner, justifier une démarche (domaines 1 et 2 du socle commun)

1 Équipe A, indiquez, à l'aide des documents, quels sont les défis posés par la croissance démographique.

La gestion des villes *(doc. 1)*	**L'environnement** *(doc. 1 et 2)*	**Le bien-être des habitants** *(doc. 1 et 2)*

2 Rédigez quelques lignes pour expliquer les défis que la croissance démographique pose aux villes indiennes.

Quels sont les défis que la croissance démographique pose à l'Inde ?

L'école

Les indices

Doc. 1 Aller à l'école pour les enfants des rues

« La mine grave, Idu, 12 ans, vient d'annoncer la bonne nouvelle : "Je suis inscrit en classe II (le CP). À partir de lundi, je vais aller à l'école." Depuis qu'il a débarqué du Bihar (Est du pays), il vit avec sa famille dans le jardin public. Ses parents ont beau travailler dur, ils n'arrivent pas à amasser l'argent nécessaire qui leur permettrait de s'offrir même un taudis dans un bidonville. Sa mère revend des fripes, son père est *dhobi*, autrement dit laveur et repasseur dans la rue. Isthekar, Feroz, Ghasim, Ahmed... et les autres. Demandez-leur ce qu'ils veulent faire plus tard, tous font la même réponse : "Je veux être docteur !" Tous, surtout, rêvent d'aller à l'école. En attendant, ils se retrouvent tous les matins au foyer de jour de Jamghat, une petite ONG qui s'est donné pour vocation de "rendre leur dignité aux enfants qui travaillent et vivent dans les rues" avec pour objectif de pouvoir les envoyer un jour dans une véritable école. En attendant, l'ONG leur enseigne des rudiments de hindi, de mathématiques et d'anglais. »

D'après Marie-France Calle, « Les gamins des bidonvilles rêvent d'aller à l'école », *Le Figaro*, 29 avril 2010.

Doc. 2 Une école publique en Inde

L'État indien a rendu l'école obligatoire en 2010 pour tous les enfants de 6 à 14 ans. Mais s'il faut convaincre les parents, il faut aussi décider les États régionaux qui financent la construction des écoles et le salaire des enseignants. Les parents qui en ont les moyens envoient leurs enfants dans les écoles privées payantes.

Compétence
Se poser des questions sur une situation géographique
Raisonner, justifier une démarche (domaines 1 et 2 du socle commun)

1 Équipe B, complétez, à l'aide des documents, le tableau qui fait le point sur l'état de l'école en Inde.

L'égalité scolaire est-elle assurée en Inde ?	Pourquoi ?	Mesures et acteurs en faveur de la scolarisation
....	....	....
....	....	....
....	....	....
....	....	....
....	....	....
....	....	....
....	....	....

2 Rédigez quelques lignes pour expliquer les défis que la croissance démographique pose aux écoles en Inde.

....
....
....
....
....
....
....

Quels sont les enjeux liés à la croissance démographique du Nigeria ?

La santé

Les indices

Doc. 1 Une campagne de vaccination

Plus de 39 000 bénévoles de l'UNICEF ont mené, entre octobre et décembre 2016, une campagne de vaccination contre le virus de la poliomyélite (une maladie qui touche les cellules nerveuses faisant fonctionner les muscles), afin d'immuniser 41 millions d'enfants.

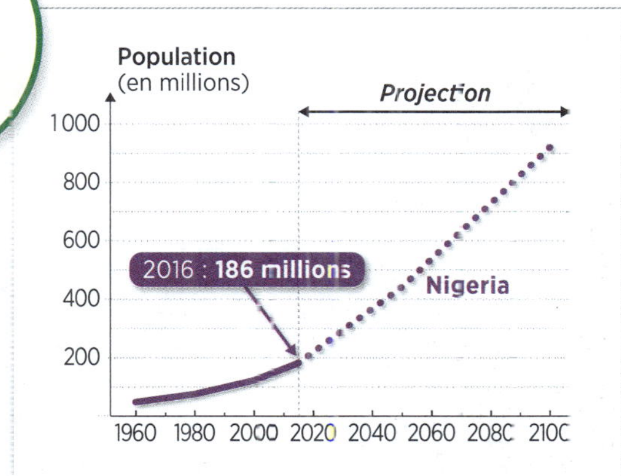

Doc. 2 Évolution démographique du Nigeria

L'accroissement naturel du Nigeria est de 2,5 % (moyenne mondiale : 1,2 %). Le taux de fécondité est de 6.

Compétence

Comprendre le sens général d'une photographie

Analyser et comprendre un document *(domaines 1 et 2 du socle commun)*

1 Équipe A, à l'aide du doc. 2 et de la méthode de la fiche 21 (exploration autonome), décrivez l'évolution de la population du Nigeria.

....

....

....

....

....

....

2 Observez attentivement le doc. 1, puis complétez le tableau.

Quels sont les principaux éléments de la photographie ?	Quels sont les acteurs visibles sur cette photographie ?	Que m'apprend le document sur les structures de santé du pays ?

Pour décrire une photographie, il faut la localiser, l'observer et relever tous les éléments et acteurs qui la composent.

Quels sont les enjeux liés à la croissance démographique du Nigeria ?

L'accès à l'eau

Les indices

Doc. 1 S'approvisionner en eau à Ladugga (centre du Nigeria)

Plus de 64 millions de Nigerians n'ont pas accès à une source d'eau potable. Un programme conduit par des ONG, comme la Croix-Rouge, et les gouvernements locaux vise à installer des pompes à eau dans tous les villages du pays.

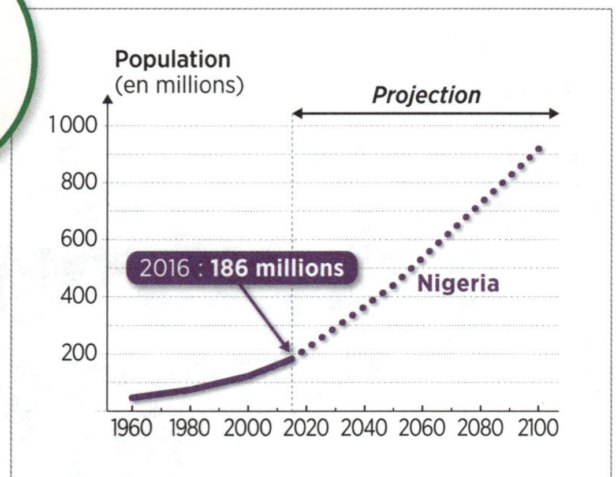

Doc. 2 Évolution démographique du Nigeria

L'accroissement naturel du Nigeria est de 2,5 % (moyenne mondiale : 1,2 %). Le taux de fécondité est de 6.

Compétence
Comprendre le sens général d'une photographie
Analyser et comprendre un document
(domaines 1 et 2 du socle commun)

1 Équipe B, à l'aide du doc. 2 et de la méthode de la fiche 21 (exploration autonome), décrivez l'évolution de la population du Nigeria.

....

....

....

....

....

....

2 Observez attentivement le doc. 1, puis complétez le tableau.

Quels sont les principaux éléments de la photographie ?	Quels sont les acteurs visibles sur cette photographie ?	Que m'apprend le document sur l'accès à l'eau dans le pays ?
....	....	....
....	....	....
....	....	....
....	....	....
....	....	....
....	....	....
....	....	....
....	....	....
....	....	....
....	....	....

Pour décrire une photographie, il faut la localiser, l'observer et relever tous les éléments et acteurs qui la composent.

La croissance démographique est-elle égale en Europe et aux États-Unis ?

Doc. 1 Europe et États-Unis : une évolution démographique contrastée

a. « La forte croissance naturelle des États-Unis tient en partie à une fécondité assez élevée. Ce n'est pas le faible niveau européen qui étonne mais plutôt le fort niveau américain. [...] Aux États-Unis, à proximité du Mexique, la population d'origine hispanique (2,9 enfants par femme) contribue à relever la fécondité. Pour expliquer la forte fécondité américaine par rapport à l'Europe, certains mettent en avant la pratique religieuse bien plus forte aux États-Unis. Joue aussi le fait que les Américaines comptent bien plus de grossesses imprévues que l'Europe, notamment chez les adolescentes. »

D'après Gilles Pison, *La démographie mondiale*, Le Monde Sup' - rue des écoles, 2015.

b. « De Lisbonne à Berlin, en passant par Rome et Madrid, c'est le même problème partout dans l'Union européenne : le taux de natalité a chuté ces dernières années. Tant et si bien que l'Europe semble menacée par un grave problème démographique, préviennent des experts qui plaident pour un recours à l'immigration comme une solution parmi d'autres à cette crise du "manque de bébés". L'indice moyen de fécondité en Europe s'élève en effet à 1,55 enfant par femme, quand il en faudrait au moins deux pour renouveler les générations et éviter une baisse de la population. En Espagne, il atteint même 1,27 enfant, un score chétif dû notamment à l'exode des jeunes, confrontés au chômage. »

Aude Lorriaux « Un désastre démographique guette l'Europe », *slate.fr*, 24 août 2015.

Les escales

Une évolution est un terme neutre qui indique un changement :
- une hausse ↗
- une stagnation →
- une baisse ↘

Pour décrire une évolution, j'utilise les verbes augmenter, baisser, stagner.

1 Après avoir lu les 2 extraits de texte, complétez le tableau à l'aide des propositions suivantes : *croissance moyenne – taux de fécondité assez élevé – crise économique qui provoque le départ des populations jeunes – taux de fécondité faible – croissance faible – forte fécondité des populations d'origine étrangère.*

	Europe	États-Unis
Croissance démographique	....	....
Explications	....	....

Zoom compétence
Formuler des hypothèses

Raisonner, justifier une démarche *(domaines 1 et 2 du socle commun)*

2 Indiquez si vous êtes d'accord avec les hypothèses suivantes.

- *Le ralentissement de la croissance démographique n'aura aucune conséquence sur le développement du pays.* D'accord Pas d'accord
- *Le ralentissement de la croissance démographique entraîne le vieillissement de la population.* D'accord Pas d'accord
- *Le recours à l'immigration est nécessaire pour limiter la baisse de la population.* D'accord Pas d'accord
- *Le ralentissement démographique entraîne la baisse de la population.* D'accord Pas d'accord
- *Le vieillissement de la population crée de nouveaux besoins en termes de soins, de structures de santé...* D'accord Pas d'accord

☐ EXPLORATION GUIDÉE ou ☑ EXPLORATION AUTONOME

La croissance démographique est-elle égale en Europe et aux États-Unis ?

Doc. 1 Europe et États-Unis : une évolution démographique contrastée

a. « La forte croissance naturelle des États-Unis tient en partie à une fécondité assez élevée. Ce n'est pas le faible niveau européen qui étonne mais plutôt le fort niveau américain. [...] Aux États-Unis, à proximité du Mexique, la population d'origine hispanique (2,9 enfants par femme) contribue à relever la fécondité. Pour expliquer la forte fécondité américaine par rapport à l'Europe, certains mettent en avant la pratique religieuse bien plus forte aux États-Unis. Joue aussi le fait que les Américaines comptent bien plus de grossesses imprévues que l'Europe, notamment chez les adolescentes. »

D'après Gilles Pison, *La démographie mondiale*, Le Monde Sup' - rue des écoles, 2015.

b. « De Lisbonne à Berlin, en passant par Rome et Madrid, c'est le même problème partout dans l'Union européenne : le taux de natalité a chuté ces dernières années. Tant et si bien que l'Europe semble menacée par un grave problème démographique, préviennent des experts qui plaident pour un recours à l'immigration comme une solution parmi d'autres à cette crise du "manque de bébés". L'indice moyen de fécondité en Europe s'élève en effet à 1,55 enfant par femme, quand il en faudrait au moins deux pour renouveler les générations et éviter une baisse de la population. En Espagne, il atteint même 1,27 enfant, un score chétif dû notamment à l'exode des jeunes, confrontés au chômage. »

Aude Lorriaux « Un désastre démographique guette l'Europe », *slate.fr*, 24 août 2015.

Une évolution est un terme neutre qui indique un changement :
- une hausse ↗
- une stagnation →
- une baisse ↘

Pour décrire une évolution, j'utilise les verbes augmenter, baisser, stagner.

Les escales

1 Après avoir lu les 2 extraits de texte, complétez le tableau.

	Europe	États-Unis
Croissance démographique	....	....
Explications	....	....

Zoom compétence

Formuler des hypothèses

Raisonner, justifier une démarche *(domaines 1 et 2 du socle commun)*

2 Formulez 2 ou 3 hypothèses pour envisager les enjeux d'une croissance démographique plus faible.

....
....
....
....
....
....
....

Comment richesse et pauvreté sont-elles réparties dans le monde ?

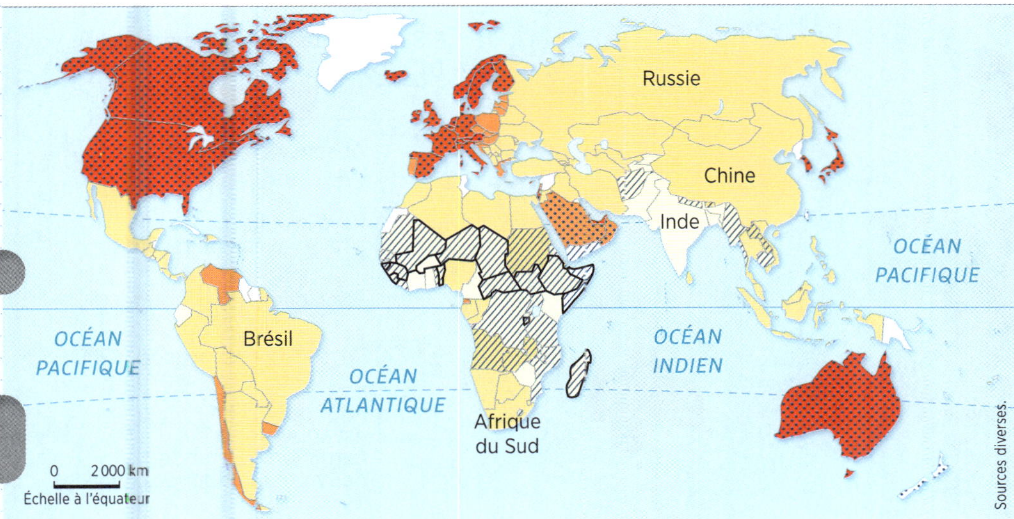

PIB par habitant (en milliers de dollars)
0 1,6 13 25 50

Absence de données

Pays les plus riches et à haut niveau de revenus

Brésil Principaux pays émergents

Pays les moins avancés (PMA)

Pays dont l'IPM est supérieur à 0,4 (situation de grande pauvreté multidimensionnelle)

Doc. 1 **Le produit intérieur brut par habitant (PIB) et l'indice de pauvreté multidimensionnelle (IPM)**

Les escales

Zoom compétence

Extraire et hiérarchiser des informations d'une carte

Analyser et comprendre un document *(domaines 1 et 2 du socle commun)*

1 Dans la légende de la carte, entourez en rouge les deux indicateurs géographiques utilisés. Après avoir recherché leur définition dans votre manuel, indiquez ce qu'ils mesurent.

....

....

....

2 Complétez le tableau à l'aide du document.

Où se situent les pays les plus riches dans le monde ?	Où se situent les pays les plus pauvres dans le monde ?
....	....
....	....

3 Dans la légende, entourez en bleu les différentes catégories de pays distinguées selon leur niveau de richesse, puis complétez le schéma. *(si nécessaire, utilisez votre manuel pour nommer des exemples)*

mal développement → fort développement

Catégorie de pays :	Catégorie de pays :	Catégorie de pays : ....
....	....	....
Exemples :	Exemples :	Exemples : ....
....	....	....

ACCOMPAGNEMENT PERSONNALISÉ AP

☐ EXPLORATION GUIDÉE ou ☑ EXPLORATION AUTONOME

Comment richesse et pauvreté sont-elles réparties dans le monde ?

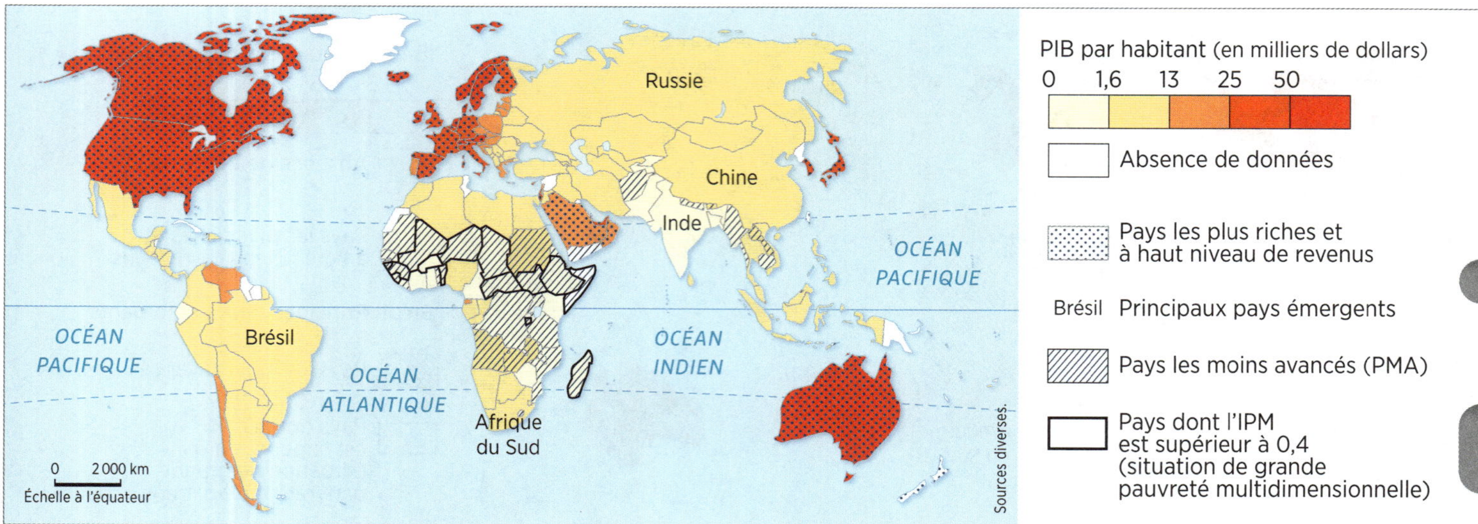

Doc. 1 Le produit intérieur brut par habitant (PIB) et l'indice de pauvreté multidimensionnelle (IPM)

Les escales

Zoom compétence

Extraire et hiérarchiser des informations d'une carte

Analyser et comprendre un document *(domaines 1 et 2 du socle commun)*

1. Que mesure cette carte ? Quels sont les indicateurs utilisés ?

....

....

....

....

2. Richesses et pauvreté sont-elles équitablement réparties sur la Terre ? Justifiez votre réponse.

....

....

....

....

....

Pour extraire des informations d'une carte, je lis la légende afin de repérer son organisation. Puis je prélève les informations nécessaires pour répondre aux questions, en repérant le figuré utile dans la légende et sa localisation sur la carte.

3. Quelles sont les différentes catégories de pays distinguées selon leur niveau de richesse ? Pour répondre, complétez le schéma.

mal développement → fort développement

Catégorie de pays :	Catégorie de pays :	Catégorie de pays : ....
Exemples :	Exemples :	Exemples : ....

Quelles sont les inégalités territoriales en Chine ?

Les villes et les campagnes

La mission

Vous êtes membres de l'Observatoire des inégalités, chargés d'étudier les inégalités villes-campagnes en Chine. Vous devrez, à l'issue de votre voyage, rédiger un rapport décrivant et expliquant ces inégalités. Vous avez rassemblé ce dossier documentaire pour vous aider dans votre travail.

Doc. 1 Les *mingongs*

On estime à 74 millions le nombre de *mingongs* en Chine, migrants clandestins qui fuient la misère des campagnes. Sans bénéficier de droits sociaux, ils vivent dans des conditions souvent terribles.

Doc. 2 Chine des villes et Chine des champs

« En Chine, les inégalités sociales liées à la croissance économique restent très importantes. Le fossé entre les villes et les campagnes se creuse, tout comme l'ampleur des inégalités au sein du pays. L'économie chinoise est l'une des plus dynamiques de la planète. Mais le fait que les inégalités sociales augmentent préoccupe ses dirigeants qui tentent péniblement d'œuvrer pour le développement des campagnes. Ainsi, le revenu annuel net des habitants ruraux s'est établi en 2013 à près de 1 080 € en moyenne, tandis que le revenu annuel moyen des citadins s'élevait à environ 3 264 €. Cet écart de 1 à 3 entre le niveau de revenus des ménages urbains et celui des ruraux s'explique notamment par les différences de niveau d'éducation, l'âge des habitants et la taille des foyers. Le fait que les urbains bénéficient plus souvent de logements sociaux et d'une couverture sociale plus étendue, notamment en matière de retraite, peut également expliquer cet écart de revenus. »

Dominique Cettour-Rose, « La Chine championne des inégalités entre ville et campagne », *Geopolis*, 30 janvier 2014.

Compétence

Travailler en commun

Coopérer et mutualiser (domaines 2 et 3 du socle commun)

TRAVAIL EN ÉQUIPE

TÂCHE COMPLEXE ÉQUIPE B

Quelles sont les inégalités territoriales en Chine ?

Le littoral et l'intérieur

La mission

Vous êtes membres de l'Observatoire des inégalités, chargés d'étudier les inégalités entre les provinces chinoises. Vous devrez, à l'issue de votre voyage, rédiger un rapport décrivant et expliquant ces inégalités. Vous avez rassemblé ce dossier documentaire pour vous aider dans votre travail.

Doc. 1 La répartition des richesses en Chine

Doc. 2 Les inégalités régionales en Chine

« Entre les provinces de l'Est très urbanisées et celles de l'Ouest fortement rurales et aux conditions de vie difficiles, l'écart est important. En effet, le développement économique chinois a multiplié les inégalités régionales, entre les provinces côtières tournées vers le monde, et le reste du pays. Le littoral concentre presque les deux tiers de la richesse créée en Chine, alors qu'il ne représente que 14 % de sa superficie et ne compte qu'à peine la moitié de sa population. Au contraire, l'Ouest, qui recouvre 56 % du territoire, n'abrite que 11 % de la population chinoise et ne contribue qu'à hauteur de 8 % à la richesse créée par le pays. Dans l'intérieur, toujours profondément rural, la difficulté de la vie a d'ores et déjà vidé le territoire (23 hab./km²). Les inégalités liées à l'espérance de vie sont les plus importantes : à Pékin [Beijing], l'espérance de vie est de 78 ans alors que dans la région pauvre du Guizhou, elle ne dépasse pas 64 ans, soit moins qu'au Yémen (66 ans). Cela traduit à la fois la plus grande dureté du travail réalisé dans les provinces rurales à dominance agricole, mais aussi un moindre accès aux soins, tant en quantité qu'en qualité. »

Pierre Sabatier et Jean-Luc Buchalet, « "Go west" : cette immigration interne à la Chine qui en révèle les inégalités », *Atlantico.fr*, 6 juin 2012.

Compétence

Travailler en commun

Coopérer et mutualiser (domaines 2 et 3 du socle commun)

....

....

....

....

....

....

....

....

....

....

Quelles sont les inégalités territoriales en Chine ? (croquis)

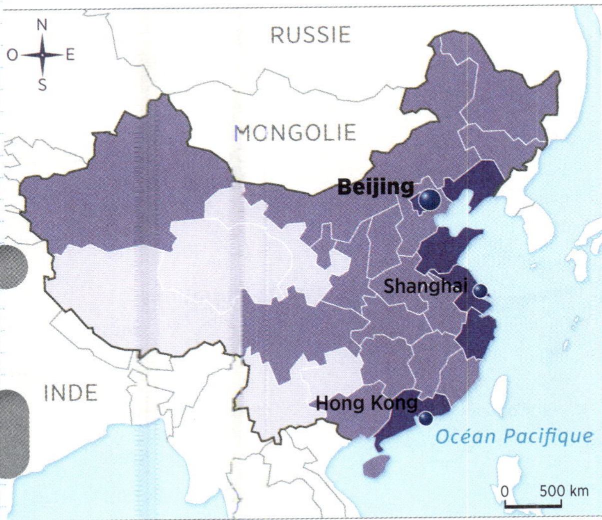

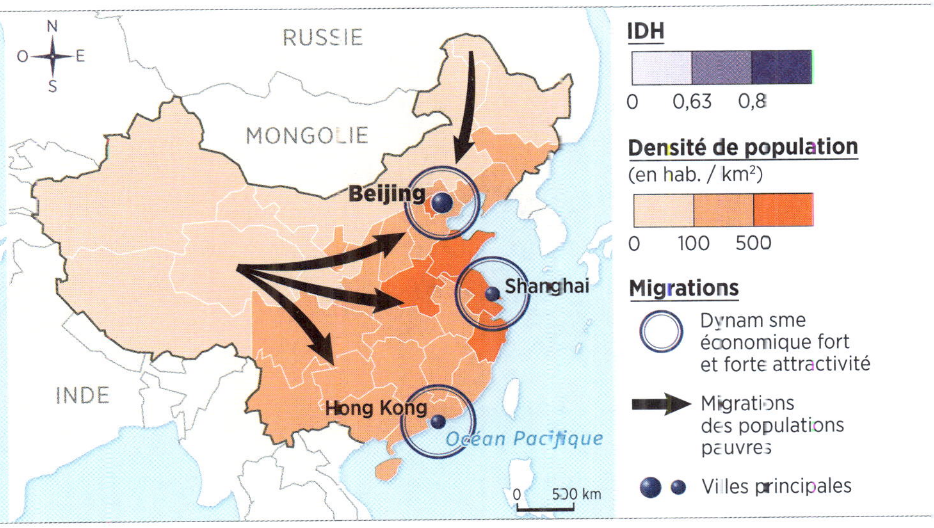

Doc. 1 Richesse et pauvreté en Chine

Les escales

Zoom compétence

Réaliser un croquis : organiser la légende

Pratiquer différents langages *(domaines 1, 2 et 4 du socle commun)*

1. Voici les informations à reporter sur le croquis. À l'aide du doc. 1, soulignez : en bleu, les informations qui se rapportent à la Chine littorale ; en vert, celles qui se rapportent à la Chine de l'intérieur.

- provinces riches
- à l'Est, régions de fortes densités
- fortes migrations internes
- zones attractives et dynamiques
- provinces pauvres et peu développées

Donnez un titre à chaque partie de votre légende.

....

....

....

2. À partir de vos réponses, complétez la légende du croquis et, à l'aide du doc. 1, coloriez-le.

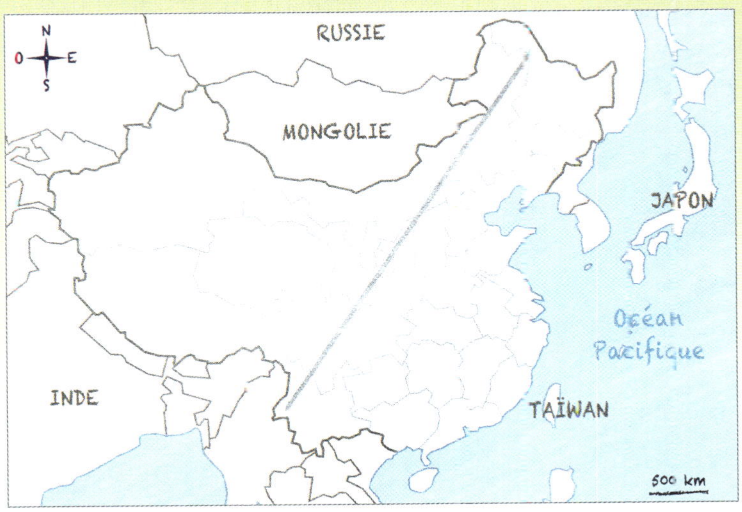

Légende

A. ....

....

....

....

B. ....

....

....

La légende d'un croquis doit être organisée. Il faut donc classer les informations en 2 ou 3 parties. Le classement peut être géographique (on distingue certaines parties du territoire représenté), thématique (on distingue des thèmes comme le peuplement, la richesse, etc.), ou les deux. Les titres des parties doivent être clairs et précis.

Quelles sont les inégalités territoriales en Chine ? (croquis)

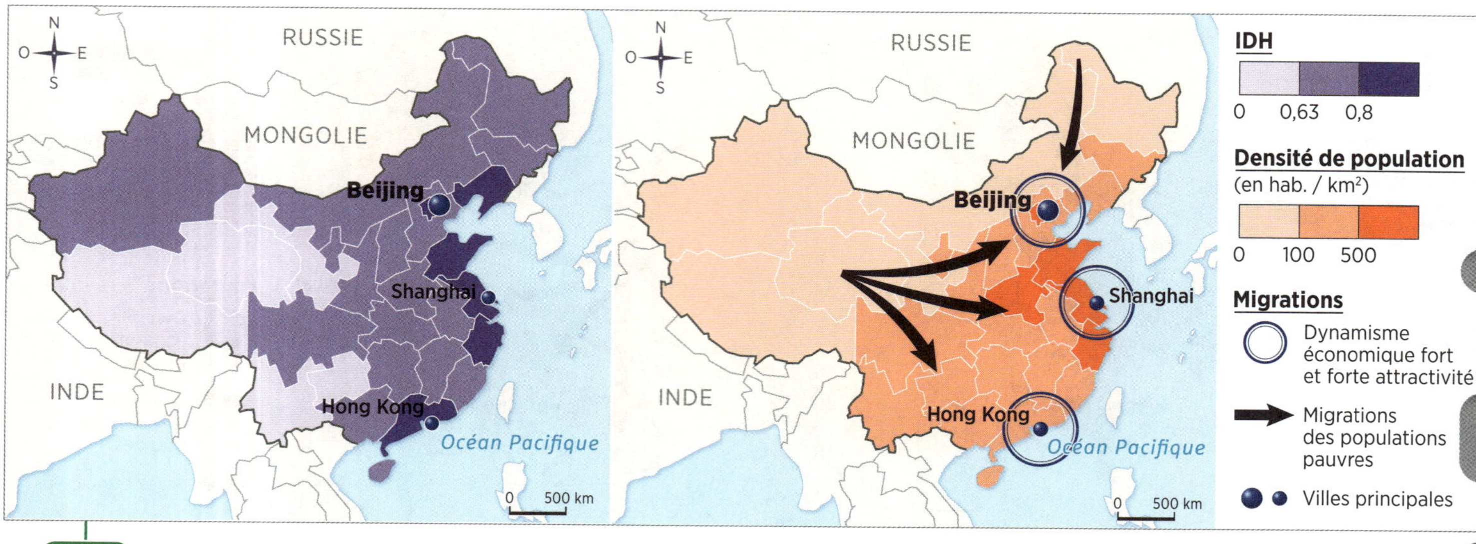

Doc. 1 **Richesse et pauvreté en Chine**

Les escales

Zoom compétence

Réaliser un croquis : organiser la légende

Pratiquer différents langages *(domaines 1, 2 et 4 du socle commun)*

1 Voici les informations à reporter sur le croquis. Associez chaque figuré de la légende à son intitulé.

- ◯ •
- — •
- ▬ •
- ➞ •
- ▭ •

- • fortes migrations internes
- • zones attractives et dynamiques
- • provinces pauvres et peu développées
- • à l'Est, régions de fortes densités
- • provinces riches

Donnez un titre à chaque partie de votre légende.

....

....

....

2 À partir de vos réponses, complétez et organisez la légende du croquis et, à l'aide du doc. 1, coloriez-le.

La légende d'un croquis doit être organisée. Il faut donc classer les informations en 2 ou 3 parties. Le classement peut être géographique (on distingue certaines parties du territoire représenté), thématique (on distingue des thèmes comme le peuplement, la richesse, etc.), ou les deux. Les titres des parties doivent être clairs et précis.

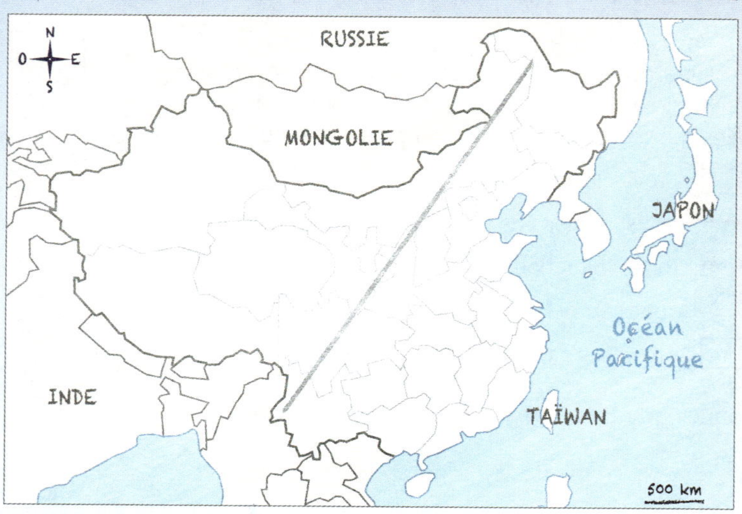

Légende

A. ....

....

....

....

B. ....

....

....

La question démographique et l'inégal développement

A. J'AI TRAVAILLÉ DES COMPÉTENCES

Évaluez votre maîtrise des compétences travaillées dans ce thème.

	très bonne maîtrise	maîtrise satisfaisante	maîtrise fragile	maîtrise insuffisante	Remarque
extraire des informations d'un graphique ➤ fiche 21					
se poser des questions sur une situation géographique ➤ fiche 22					
comprendre le sens général d'une photographie ➤ fiche 23					
formuler des hypothèses ➤ fiche 24					
extraire des informations d'une carte ➤ fiche 25					
travailler en commun ➤ fiche 26					
réaliser un croquis: organiser la légende ➤ fiche 27					

B. J'AI CONSTRUIT DES REPÈRES

1 Sur le planisphère, coloriez: en rouge, deux pays riches que vous nommerez; en jaune, deux pays moins avancés (PMA) que vous nommerez.

2 Hachurez et nommez: en rouge, les États-Unis; en bleu, l'Europe.

3 Coloriez et nommez en vert le pays émergent que vous avez étudié.

Repères dans l'espace
- une puissance émergente (Chine ou Inde)
- un pays africain
- l'Europe et les États-Unis
- des pays riches et des pays pauvres

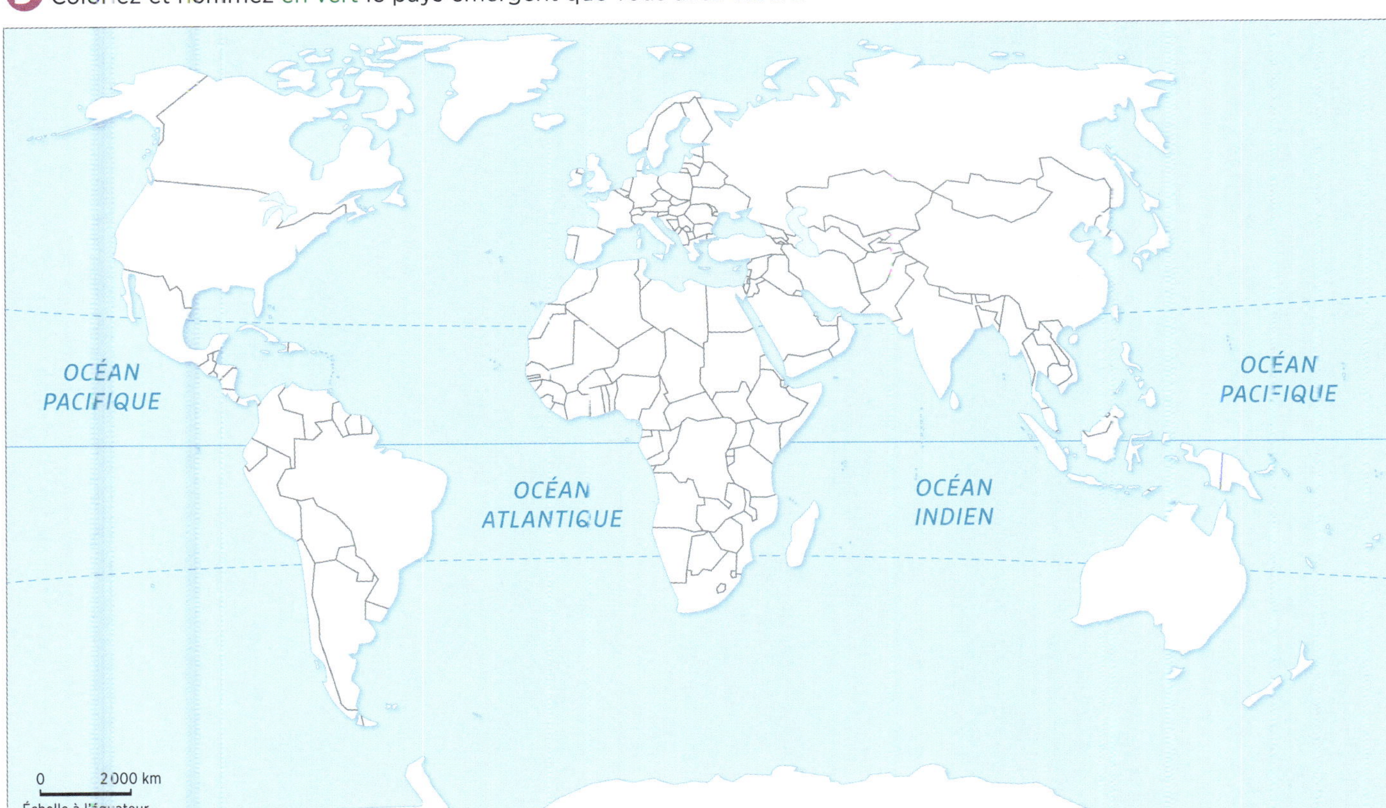

Quelles pressions pèsent sur l'eau ?
La vallée du Nil en Égypte

Les indices

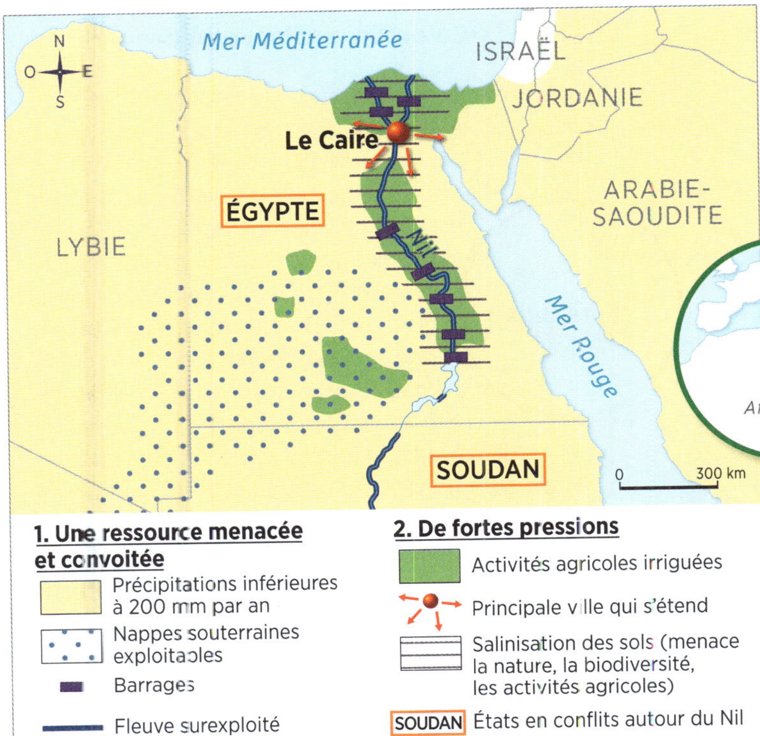

Doc. 1 La gestion de l'eau dans la vallée du Nil
75 % de l'eau consommée en Égypte provient du Nil.

Doc. 2 Plus de population, moins d'eau : le casse-tête de l'Égypte

« Augmenter la production agricole pour assurer la subsistance d'une population égyptienne en pleine croissance, tel est le défi de l'Égypte ; mais le manque de ressources en eau complique la situation. Le secteur agricole prélève 85 % de l'eau égyptienne, d'après le Conseil mondial de l'eau. Or la vallée du Nil, où se trouvent pratiquement toutes les terres cultivables, représente 5 % du territoire égyptien, et 95 % de la population y vit. De fait, l'accroissement de la production agricole est gêné tant par l'urbanisation que par le manque d'eau. Plusieurs projets sont à l'étude, comme un plan de mise en culture de terres désertiques qui devrait permettre de cultiver un milliard d'hectares supplémentaires, ou encore améliorer les systèmes d'irrigation, et de se tourner vers des productions plus rentables comme les fruits, qui exigent moins d'eau. »

Article de Maggie Fick et Shadi Bushra, *Le Nouvel Observateur*, 4 juillet 2014.

Compétence
S'exprimer à l'oral
Pratiquer différents langages
(domaines 1, 2 et 4 du socle commun)

1 Équipe A, localisez précisément l'Égypte. Quelle est la principale source d'approvisionnement en eau du pays ?

....

....

2 Complétez le tableau à l'aide des documents.

Aménagements liés à l'eau *(doc. 1)*	....
Utilisations principales de l'eau *(doc. 1 et 2)*	....
Menaces sur l'eau *(doc. 1 et 2)*	....

3 À l'aide de vos réponses et des documents, préparez une présentation orale de 2 à 3 minutes afin d'expliquer à la classe les pressions qui pèsent sur l'eau en Égypte.

Pour préparer un oral, il faut :
- noter au brouillon les éléments qui semblent essentiels ;
- organiser ses idées en 2 ou 3 thèmes ;
- soigner son attitude pendant l'oral, s'adresser à la classe et ne pas (trop) lire ses notes !

Quelles pressions pèsent sur l'eau ?
Le bassin du Colorado aux États-Unis

Les indices

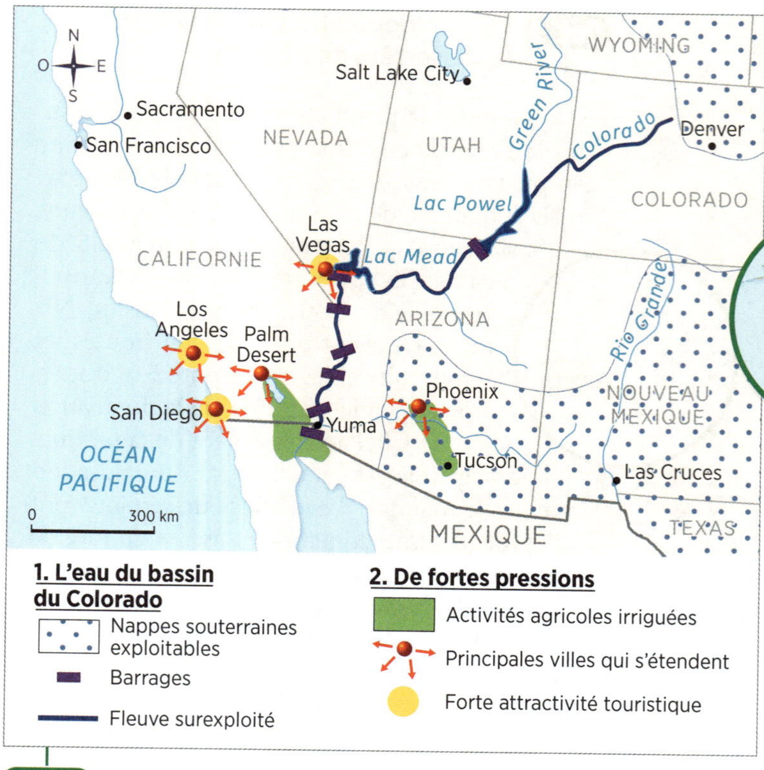

Doc. 1 **La gestion de l'eau dans le bassin du Colorado**

Doc. 2 **Le Colorado, un fleuve en danger**

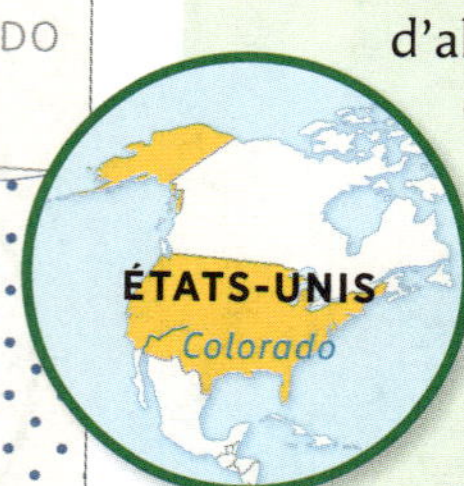

« À l'image de ce fleuve qui meurt d'être trop exploité, la source du Colorado est presque à sec. C'est une sorte de marécage à 3 000 mètres d'altitude. L'herbe y est verte, mais le sol est craquelé et le Colorado n'est qu'un ruisselet qui serpente entre les mottes de terre. [...] Le Colorado, ce symbole de l'Ouest américain libre et sauvage, est probablement le cours d'eau le plus domestiqué de la planète : on y compte plus d'une centaine de barrages. Il fournit l'eau des plus grandes villes de l'Ouest : Las Vegas, Los Angeles, Phoenix, Denver... Trente millions de personnes dépendent de lui, il irrigue 15 % des cultures américaines. Résultat, véritable péril écologique, il est tellement capté qu'il ne parvient plus au Mexique. »

Guillaume de Dieuleveult, « Colorado aux sources d'un fleuve en danger », *Le Figaro*, 2 août 2013.

Compétence
S'exprimer à l'oral
Pratiquer différents langages *(domaines 1, 2 et 4 du socle commun)*

1 Équipe B, localisez précisément le bassin du Colorado. Quel fleuve irrigue cette région ?

....

....

2 Complétez le tableau à l'aide des documents.

Aménagements liés à l'eau *(doc. 1)*	....
Utilisations principales de l'eau *(doc. 1 et 2)*	....
Menaces sur l'eau *(doc. 1 et 2)*	....

3 À l'aide de vos réponses et des documents, préparez une présentation orale de 2 à 3 minutes afin d'expliquer à la classe les pressions qui pèsent sur l'eau dans le bassin du Colorado.

Pour préparer un oral, il faut :
- noter au brouillon les éléments qui semblent essentiels ;
- organiser ses idées en 2 ou 3 thèmes ;
- soigner son attitude pendant l'oral, s'adresser à la classe et ne pas (trop) lire ses notes !

L'eau est-elle également répartie sur l'ensemble de la planète ?

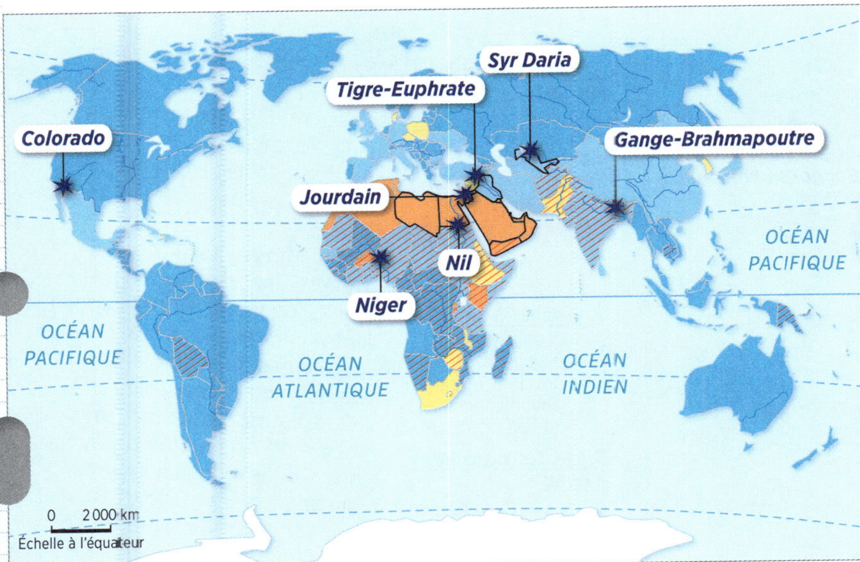

1. La disponibilité en eau

Ressources en eau douce par habitant et par an (en m³)

1 000 1 700 5 000

pénurie / stress

2. L'accès à l'eau

États où plus de 25 % de la population n'a pas accès à l'eau potable

3. Les tensions liées à l'eau

États qui épuisent leurs ressources

Principaux conflits liés à l'eau

Doc. 1 L'eau, une ressource inégalement disponible

– Les **figurés de surface** (■) mettent des zones en valeur. On peut choisir des couleurs (en les dégradant) ou des hachures (en les superposant à des zones coloriées).
– Les **figurés linéaires** (—) représentent des flux ou des lignes, ou montrent des liaisons entre différents espaces. On peut choisir ces traits ou des flèches de différentes épaisseurs.
– Les **figurés ponctuels** (▲) localisent un lieu précis. On peut utiliser des ronds, des carrés, des triangles selon le thème que l'on souhaite représenter.
Attention, la couleur doit être le plus près possible de la réalité que l'on cherche à représenter.

Les escales

Zoom compétence

Réaliser un croquis : choisir les figurés

Pratiquer différents langages *(domaines 1, 2 et 4 du socle commun)*

1 Pour réaliser votre croquis, vous devez choisir les figurés appropriés qu'il faudra ensuite reporter sur la carte. Pour les choisir, associez chaque élément de votre légende à un type de figuré.

	Type de figuré	Figuré choisi
Ressources en eau inférieures à 1 700 m³ par habitant et par an	figuré de surface	....
Ressources en eau supérieures à 1 700 m³ par habitant et par an	figuré linéaire	....
Conflits liés à l'eau	figuré ponctuel	....
États où plus de 25 % de la population n'a pas accès à l'eau potable		....

2 À l'aide du doc. 1, localisez précisément les informations à reporter sur votre croquis puis complétez-le ainsi que la légende.

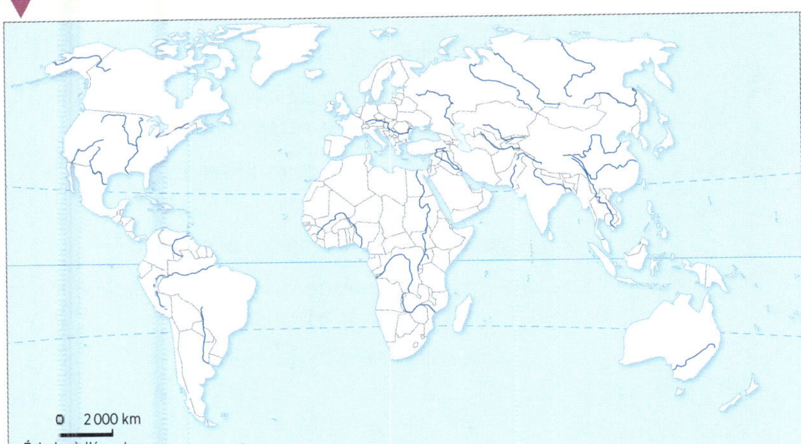

1. Une disponibilité en eau inégale

.... Ressources en eau insuffisantes (pays en stress ou en pénurie)

.... Ressources en eau suffisantes

2. L'accès à l'eau et les tensions liés à l'eau

.... États où plus de 25 % de la population n'a pas accès à l'eau potable

.... Conflits liés à l'eau

L'eau est-elle également répartie sur l'ensemble de la planète ?

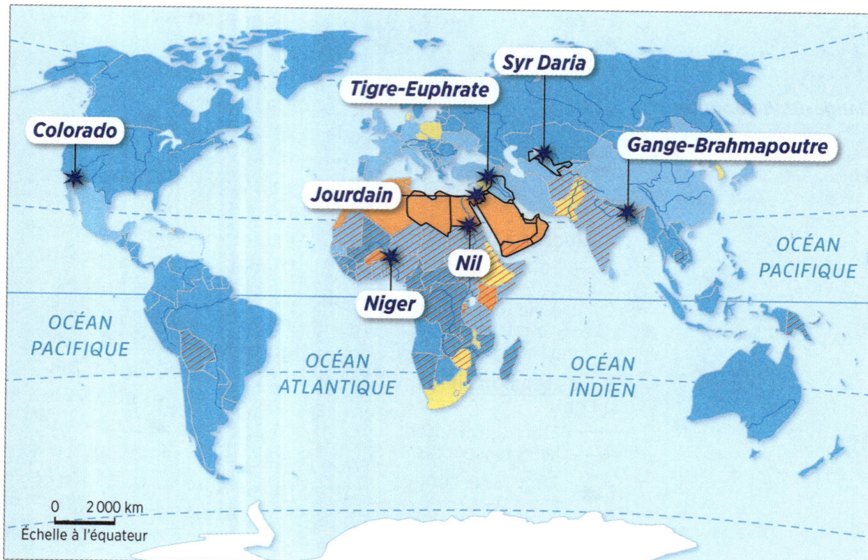

1. La disponibilité en eau
Ressources en eau douce par habitant et par an (en m³)
1000 1700 5000
stress
pénurie

2. L'accès à l'eau
États où plus de 25 % de la population n'a pas accès à l'eau potable

3. Les tensions liées à l'eau
États qui épuisent leurs ressources
Principaux conflits liés à l'eau

Doc. 1 **L'eau, une ressource inégalement disponible**

- Les **figurés de surface** ( ) mettent des zones en valeur. On peut choisir des couleurs (en les dégradant) ou des hachures (en les superposant à des zones coloriées).
- Les **figurés linéaires** ( ) représentent des flux ou des lignes, ou montrent des liaisons entre différents espaces. On peut choisir des traits ou des flèches de différentes épaisseurs.
- Les **figurés ponctuels** (▲) localisent un lieu précis. On peut utiliser des ronds, des carrés, des triangles selon le thème que l'on souhaite représenter.

Attention, la couleur doit être le plus près possible de la réalité que l'on cherche à représenter.

Les escales

Zoom compétence

Réaliser un croquis : choisir les figurés

Pratiquer différents langages *(domaines 1, 2 et 4 du socle commun)*

1 Pour réaliser votre croquis, vous devez choisir les figurés appropriés qu'il faudra ensuite reporter sur la carte. Pour les choisir, complétez le tableau.

	Je choisis mon figuré :
Ressources en eau inférieures à 1 700 m³ par habitant et par an	....
Ressources en eau supérieures à 1 700 m³ par habitant et par an	....

	Je choisis mon figuré :
Conflits liés à l'eau	....
États où plus de 25 % de la population n'a pas accès à l'eau potable	....

2 À l'aide du doc. 1, localisez précisément les informations à reporter sur votre croquis puis complétez-le ainsi que la légende.

1. Une disponibilité en eau inégale

.... Ressources en eau insuffisantes (pays en stress ou en pénurie)

.... Ressources en eau suffisantes

2. L'accès à l'eau et les tensions liés à l'eau

.... États où plus de 25 % de la population n'a pas accès à l'eau potable

.... Conflits liés à l'eau

TÂCHE COMPLEXE ÉQUIPE A

Quels sont les enjeux énergétiques de la Chine ?

Énergie et développement économique

La mission

Vous êtes des touristes français visitant la Chine. À votre arrivée, vous êtes surpris par l'importance de la pollution dans les villes chinoises. Après avoir passé 10 jours à Beijing (Pékin), vous écrivez un courrier à votre famille restée en France pour lui expliquer pourquoi la consommation énergétique a explosé en Chine et quels en sont les effets pour l'environnement et la population. Vous insisterez sur les besoins énergétiques du pays. Vous avez rassemblé de la documentation afin d'être précis dans votre analyse.

Doc. 1 Paysage industriel chinois

Chaque année, la Chine consomme plus de 4 milliards de tonnes de charbon (50 % de la consommation mondiale). Les combustibles fossiles seraient responsables de 80 % des émissions de suie atmosphérique en Asie.

Doc. 2 Énergies et développement économique

« La consommation énergétique du pays constitue l'un des problèmes les plus pressants. La croissance chinoise est gourmande en énergie : d'une part, le pays a besoin de ressources pour faire tourner ses usines. D'autre part, au fur et à mesure qu'elle s'enrichit, la population chinoise adopte des modes de consommation nécessitant plus d'énergie. En conséquence, les besoins du pays ont été multipliés par quatre en 30 ans. […] Cette consommation énergétique croissante vient fragiliser l'économie chinoise : le pays doit faire appel à des importations massives et doit sécuriser ses approvisionnements. Il est aussi vulnérable aux variations du prix du pétrole. En outre, la Chine est confrontée aux défis du changement climatique : à la fin des années 2000, le pays émettait plus de CO_2 que les États-Unis et le Canada ensemble, avec une augmentation de 171 % par rapport à l'année 2000. »

Extrait de Thibaud Voïta, « Soutenir la croissance, limiter les émissions : la Chine est-elle un modèle en matière de politique climatique ? », *Notes de l'Ifri*, 29 mai 2012.

Compétence

Organiser son travail dans le groupe

Coopérer et mutualiser *(domaines 2 et 3 du socle commun)*

Quels sont les enjeux énergétiques de la Chine ?

Énergie et développement durable

La mission

Vous êtes des touristes français visitant la Chine. À votre arrivée, vous êtes surpris par l'importance de la pollution dans les villes chinoises. Après avoir passé 10 jours à Beijing (Pékin), vous écrivez un courrier à votre famille restée en France pour lui expliquer les conséquences humaines, économiques et environnementales de la politique de l'énergie en Chine. Vous insisterez sur les enjeux d'une gestion durable des ressources énergétiques du pays. Vous avez rassemblé de la documentation afin d'être précis dans votre analyse.

Doc. 1 Pollution urbaine à Beijing

« Quand vous sortez, le simple contact avec l'air vous brûle les yeux, vous écorche la gorge, il vous faut acheter un masque », témoigne un habitant. La pollution de l'air est devenue l'un des principaux sujets de mécontentement des Chinois.

Doc. 2 Le développement de la Chine est-il durable ?

« La Chine est en train de construire 16 immenses centrales à charbon dans le Nord du pays. Pour les alimenter, Pékin [Beijing] prévoit de stimuler la production de charbon dans la région. La contrepartie, c'est la gigantesque consommation d'eau : 9,975 milliards de m^3 seraient ainsi engloutis par les centrales et les mines. Environ deux-tiers de cette énorme quantité d'eau serait utilisé pour extraire le combustible, le reste servant à faire fonctionner les centrales électriques, notamment à l'aide de barrages. En conséquence, les provinces du Nord verraient leur capacité d'approvisionnement en eau fortement menacée, entraînant des pénuries pour l'agriculture, la consommation des habitants et le fonctionnement des écosystèmes [...]. Sans compter les énormes émissions de gaz à effet de serre que provoquent ces centrales, et les poussières qui entraînent une pollution dangereuse pour la santé. »

D'après Audrey Garric, « Comment les immenses centrales à charbon chinoises aggravent la crise de l'eau », Blog *lemonde.fr*, 23 août 2012.

Compétence

Organiser son travail dans le groupe

Coopérer et mutualiser (domaines 2 et 3 du socle commun)

....

....

....

....

....

....

....

....

....

....

Qu'est-ce que la transition énergétique ?

Doc. 1 La transition énergétique vue par la presse

Dessin de Chappatte publié dans Le Temps *(journal suisse), septembre 2012.*

....

....

....

....

Doc. 2 Les enjeux de la transition énergétique

« La transition énergétique désigne le passage d'un système de production et de consommation d'énergie, aujourd'hui axé sur des énergies non renouvelables (pétrole, gaz, charbon), à un autre mix énergétique, moins émetteur de gaz à effet de serre. Ce type de "transition" n'est pas un phénomène sans précédent. Le charbon au milieu du XIXe siècle, le pétrole au milieu du XXe siècle, le nucléaire civil dans les années 1970 ont introduit des évolutions majeures dans les mix énergétiques, même si ces différentes sources ne se sont pas substituées les unes aux autres mais plutôt additionnées. »

D'après « Les enjeux de la transition énergétique », *planete-energies.com*, 13 février 2015.

Les escales

Zoom compétence

Extraire des informations d'un dessin de presse

Analyser et comprendre un document *(domaines 1 et 2 du socle commun)*

1. Dans le doc. 1, attribuez à chaque cadre, le terme qui lui convient parmi les propositions suivantes : *transition énergétique – énergie nucléaire – énergie renouvelable – production d'électricité*. Quel message veut transmettre le dessinateur ?

....

....

2. Décrivez le personnage principal du doc. 1. *(Aidez-vous pour cela des questions suivantes : Comment est-il habillé ? Que fait-il ?)*

....

....

....

....

....

Pour analyser un dessin de presse, il faut :
– comprendre l'idée générale que cherche à transmettre le dessinateur (son intention) ;
– comprendre les moyens (souvent l'humour) utilisés par le dessinateur pour transmettre son message.

3. Dans le doc. 2, soulignez la phrase qui résume le mieux ce qu'est la transition énergétique. Puis entourez ci-dessous la définition qui correspond à l'expression « transition énergétique ».

– répondre aux besoins du présent sans compromettre les capacités des générations futures à répondre aux leurs.
– passage du système énergétique actuel utilisant des ressources non renouvelables vers un ensemble énergétique basé principalement sur des ressources renouvelables.
– énergie produite à partir d'une ressource naturellement renouvelable.

ACCOMPAGNEMENT PERSONNALISÉ AP

☐ EXPLORATION GUIDÉE ou ☑ EXPLORATION AUTONOME

Qu'est-ce que la transition énergétique ?

Doc. 1 La transition énergétique vue par la presse

Dessin de Chappatte publié dans Le Temps *(journal suisse), septembre 2012.*

Doc. 2 Les enjeux de la transition énergétique

« La transition énergétique désigne le passage d'un système de production et de consommation d'énergie, aujourd'hui axé sur des énergies non renouvelables (pétrole, gaz, charbon), à un autre mix énergétique, moins émetteur de gaz à effet de serre. Ce type de "transition" n'est pas un phénomène sans précédent. Le charbon au milieu du XIXe siècle, le pétrole au milieu du XXe siècle, le nucléaire civil dans les années 1970 ont introduit des évolutions majeures dans les mix énergétiques, même si ces différentes sources ne se sont pas substituées les unes aux autres mais plutôt additionnées. »

D'après « Les enjeux de la transition énergétique », *planete-energies.com*, 13 février 2015.

Les escales

Zoom compétence

Extraire des informations d'un dessin de presse

Analyser et comprendre un document *(domaines 1 et 2 du socle commun)*

1. Présentez le doc. 1. Quel message cherche-t-il à transmettre ?

....

....

....

....

Pour analyser un dessin de presse, il faut :
- comprendre l'idée générale que cherche à transmettre le dessinateur (son intention) ;
- comprendre les moyens (souvent l'humour) utilisés par le dessinateur pour transmettre son message.

2. Décrivez précisément ce dessin.

....

....

....

....

....

3. À l'aide des documents et de vos connaissances, complétez le tableau.

	Énergies non renouvelables	*transition énergétique* →	Énergies renouvelables
Exemples d'énergie	....		....
Avantages / inconvénients	....		....

Puis proposez une définition pour l'expression « transition énergétique ».

....

....

....

Quelle est la situation alimentaire de l'Éthiopie ?

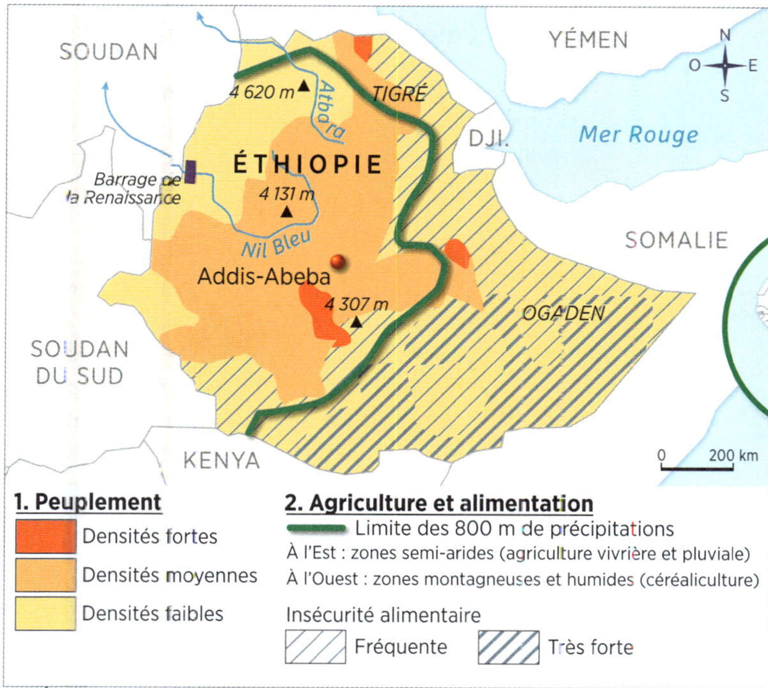

Doc. 1 **Peuplement et alimentation en Éthiopie**

Doc. 2 **Combattre l'insécurité alimentaire**

« Trente ans après la terrible famine de 1983-1985, l'Éthiopie est le 2e pays le plus peuplé d'Afrique, avec plus de 90 millions d'habitants en 2015. Si elle reste l'un des pays les plus pauvres et les plus ruraux du monde, elle connaît depuis dix ans une croissance économique d'environ 10 % par an en moyenne. Mais l'insécurité alimentaire est pourtant loin d'y être vaincue. On estime à 35 % la proportion d'Éthiopiens en situation d'insécurité alimentaire, soit plus de 30 millions de personnes. Dans un pays encore rural à plus de 80 %, elle continue de toucher des millions de personnes vivant dans des régions rurales. Environ 3/4 de la population est engagée dans une agriculture de subsistance dépendante de la pluie sur de maigres parcelles. »

Article de Martin Hervouët, les cahiers de l'IAU, mars 2016.

Les escales

Zoom compétence

Écrire pour expliquer et argumenter

Pratiquer différents langages (domaines 1, 2 et 4 du socle commun)

1 Comment expliquer les difficultés alimentaires de l'Éthiopie ? Complétez le tableau puis rédigez un texte explicatif.

Explications démographiques Comment évolue la population éthiopienne ? *(doc. 1 et 2)*	....
Explications liées à l'organisation agricole Quelle agriculture est pratiquée dans le pays ? Avec quels outils ? *(doc. 1 et 2)*	....
Explications climatiques Quel est le climat d'une grande partie du pays ? *(doc. 1 et 2)*	....

Pour rédiger un texte explicatif, il faut :
- prélever des informations dans les documents et les organiser ;
- rédiger le texte en consacrant un paragraphe par explication (ligne du tableau).

Quelle est la situation alimentaire de l'Éthiopie ?

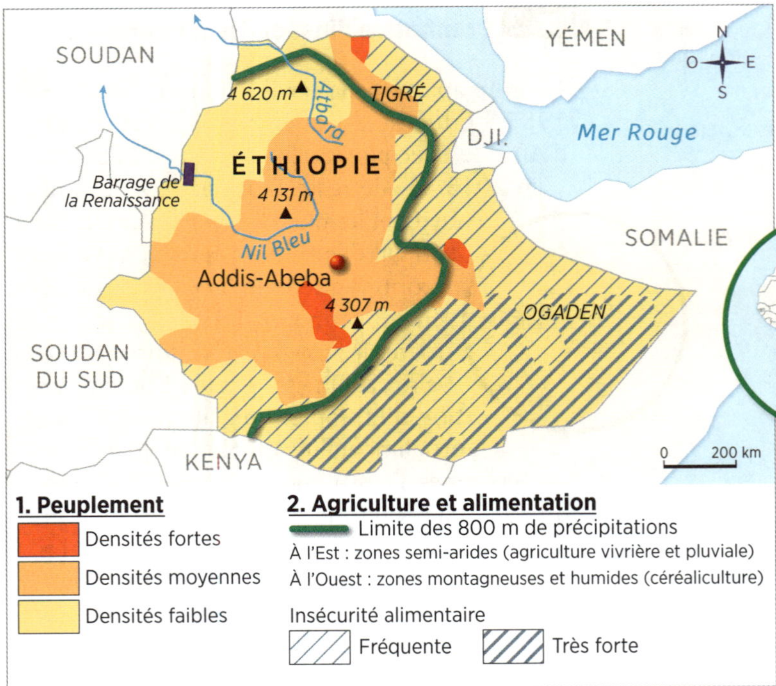

Doc. 1 **Peuplement et alimentation en Éthiopie**

Doc. 2 **Combattre l'insécurité alimentaire**

« Trente ans après la terrible famine de 1983-1985, l'Éthiopie est le 2e pays le plus peuplé d'Afrique, avec plus de 90 millions d'habitants en 2015. Si elle reste l'un des pays les plus pauvres et les plus ruraux du monde, elle connaît depuis dix ans une croissance économique d'environ 10 % par an en moyenne. Mais l'insécurité alimentaire est pourtant loin d'y être vaincue. On estime à 35 % la proportion d'Éthiopiens en situation d'insécurité alimentaire, soit plus de 30 millions de personnes. Dans un pays encore rural à plus de 80 %, elle continue de toucher des millions de personnes vivant dans des régions rurales. Environ 3/4 de la population est engagée dans une agriculture de subsistance dépendante de la pluie sur de maigres parcelles. »

Article de Martin Hervouët, les cahiers de l'IAU, mars 2016.

Les escales

Zoom compétence

Écrire pour expliquer et argumenter

Pratiquer différents langages (domaines 1, 2 et 4 du socle commun)

1 Comment expliquer les difficultés alimentaires de l'Éthiopie ? À l'aide des documents, vous exposerez dans un court texte les explications démographiques, les explications liées à l'organisation de l'agriculture et les explications climatiques.

Pour rédiger un texte explicatif, il faut :
- prélever des informations dans les documents et les organiser ;
- rédiger le texte en consacrant un paragraphe par explication.

....

....

....

....

....

....

....

....

....

....

....

....

....

....

Pourquoi l'Éthiopie pratique-t-elle le « *Land grabbing* » ?

Doc. 1 L'accaparement de terres en Éthiopie

« Dans l'Ouest de l'Éthiopie, la forêt cède brutalement la place à de larges saignées d'une terre noire mise à nu par les défrichements : *"Bienvenue à la ferme Karuturi, 100 000 hectares"*, indique le panneau. Le groupe indien Karuturi Global a signé en 2010 avec l'État éthiopien un contrat de location de 100 000 hectares (ha) de terres, assorti d'une option sur 200 000 ha supplémentaires, dans la région de Gambela pour un loyer de 0,90 euro par hectare et par année, pour une durée de cinquante ans. L'Éthiopie est le théâtre d'une véritable course aux terres cultivables. Les organisations non gouvernementales (ONG), qui dénoncent ce phénomène, l'appellent le *"Land grabbing"* ("accaparement des terres"). Karuturi prévoit d'y cultiver le riz, le maïs, la canne et le palmier à huile, et évoque le chiffre de 200 000 emplois futurs. Mais "il y a très peu d'emplois pour les populations indigènes, affirme un habitant. On fait disparaître les forêts, vitales pour les villageois qui y trouvent plantes médicinales ou racines et fruits sauvages en période de disette." »

Gilles van Kote, « Ruée sur les terres d'Éthiopie », *Le Monde*, 5 janvier 2012.

Les escales

1 Dans le doc. 1, soulignez : en bleu, la phrase qui résume le mieux le phénomène de *Land grabbing* ; en vert, les principaux acteurs de ce processus ; en rouge, les arguments contre le développement de ce phénomène. Puis complétez le tableau et, à l'aide de vos réflexions et du texte, proposez au moins 2 avantages à cette pratique.

Définition du *Land grabbing*	Acteurs
....	....
....	....
Inconvénients	**Avantages**
....	....
....	....
....	....
....	....

Une carte mentale permet de lister les principales idées d'un sujet en les organisant en « branches ».

Zoom compétence

Réaliser une carte mentale

Pratiquer différents langages (domaines 1, 2 et 4 du socle commun)

2 À partir de vos réponses, réalisez une carte mentale pour expliquer et décrire le processus du *Land grabbing* en Éthiopie.

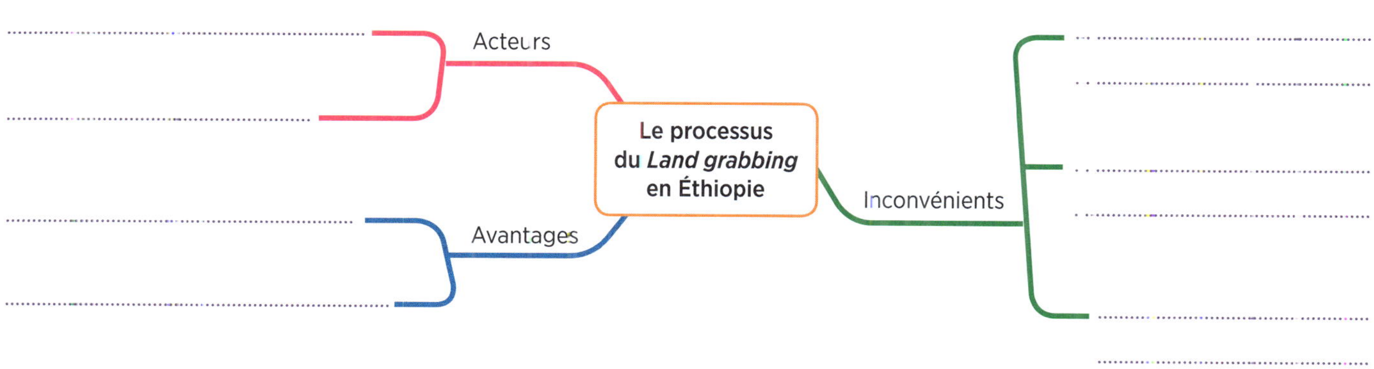

Pourquoi l'Éthiopie pratique-t-elle le « *Land grabbing* » ?

Doc. 1 **L'accaparement de terres en Éthiopie**

« Dans l'Ouest de l'Éthiopie, la forêt cède brutalement la place à de larges saignées d'une terre noire mise à nu par les défrichements : *"Bienvenue à la ferme Karuturi, 100 000 hectares"*, indique le panneau. Le groupe indien Karuturi Global a signé en 2010 avec l'État éthiopien un contrat de location de 100 000 hectares (ha) de terres, assorti d'une option sur 200 000 ha supplémentaires, dans la région de Gambela pour un loyer de 0,90 euro par hectare et par année, pour une durée de cinquante ans. L'Éthiopie est le théâtre d'une véritable course aux terres cultivables. Les organisations non gouvernementales (ONG), qui dénoncent ce phénomène, l'appellent le *"Land grabbing"* ("accaparement des terres"). Karuturi prévoit d'y cultiver le riz, le maïs, la canne et le palmier à huile, et évoque le chiffre de 200 000 emplois futurs. Mais "il y a très peu d'emplois pour les populations indigènes, affirme un habitant. On fait disparaître les forêts, vitales pour les villageois qui y trouvent plantes médicinales ou racines et fruits sauvages en période de disette." »

Gilles van Kote, « Ruée sur les terres d'Éthiopie », *Le Monde*, 5 janvier 2012.

Les escales

1. À l'aide du doc. 1, complétez le tableau puis, à l'aide de vos réflexions, proposez au moins 2 avantages à cette pratique.

Définition du *Land grabbing*	Acteurs
....	....
....	....
Inconvénients	**Avantages**
....	....
....	....
....	....
....	....

Une carte mentale permet de lister les principales idées d'un sujet en les organisant en « branches » (chaque branche a sa propre couleur).

Zoom compétence

Réaliser une carte mentale

Pratiquer différents langages *(domaines 1, 2 et 4 du socle commun)*

2. À partir de vos réponses, réalisez une carte mentale pour expliquer et décrire le processus du *Land grabbing* en Éthiopie.

Des ressources limitées, à gérer et à renouveler

A. J'AI TRAVAILLÉ DES COMPÉTENCES

Évaluez votre maîtrise des compétences travaillées dans ce thème.

	très bonne maîtrise	maîtrise satisfaisante	maîtrise fragile	maîtrise insuffisante	Remarque
s'exprimer à l'oral ➤ fiche 29					....
réaliser un croquis: choisir les figurés ➤ fiche 30					....
organiser son travail dans le groupe ➤ fiche 31					....
extraire des informations d'un dessin de presse ➤ fiche 32					....
écrire pour expliquer et argumenter ➤ fiche 33					....
réaliser une carte mentale ➤ fiche 34					....

B. J'AI CONSTRUIT DES REPÈRES

Repères dans l'espace
- États et espaces étudiés ; bassins fluviaux aménagés
- principaux pays producteurs et consommateurs d'énergie
- des territoires en situation de sous-alimentation

1 Nommez et localisez un fleuve aménagé et exploité. Repassez-le en bleu sur la carte.

....

2 Notez le nom des pays dans les cadres.

3 À quelle catégorie de pays correspondent :
- les pays en jaune : ....
- les pays en rouge : ....
- les pays en bleu : ....

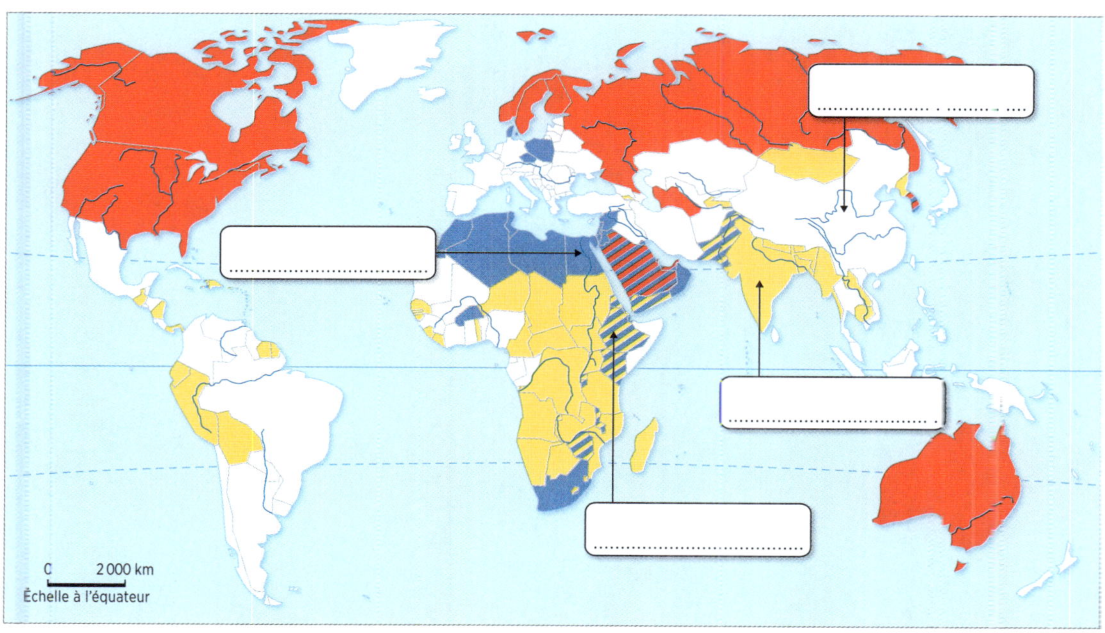

Quelles menaces pèsent sur les îles Kiribati ?

Doc. 1 Les îles Kiribati, paradis et enfer

« Les Kiribati, fine bande de terre, semblent flotter entre ciel et mer. Quand la marée descend, elle laisse, sur le sable, des détritus plastiques et électroniques ou pièces de voiture. À deux mètres en moyenne au-dessus de la surface de l'océan, ce pays est l'un des plus menacés par la hausse du niveau de la mer, causée par le réchauffement climatique. Érosion et inondations, salinisation des sols et faibles ressources en eau douce, mais aussi hausse des températures… les effets du changement climatique sont, aux Kiribati, très importants. À Tarawa-Sud, la montée de l'océan donne lieu à une infinité de petits combats. L'île est bordée de digues, comme des sacs de ciment ou des détritus entassés. À Betio, l'un des îlots les plus peuplés, fin février, des vagues, surpassant les murs de protection, ont déferlé sur l'hôpital qui a dû fermer pendant deux mois. »

Reportage photographique d'Angela Bolis, *lemonde.fr*, 19 septembre 2015.

Doc. 2 Les Kiribati, bientôt sous l'eau ?

Quand l'eau monte, les réserves en eau potable sont inondées, tandis que les vagues détruisent propriétés, maisons et cultures agricoles.

Les escales

1 Entourez sur la carte les îles Kiribati. Dans quel océan se trouvent-elles ?

....

....

2 Dans le doc. 1, soulignez : en bleu, les risques pour les îles ; en rouge, les risques pour la population. Puis complétez le tableau.

Risques pour les îles
....
....
....
....
....
Risques pour la population
....
....
....
....
....

Quelle information supplémentaire apporte le doc. 2 ? Finissez de compléter le tableau.

Zoom compétence

Utiliser un vocabulaire précis

Pratiquer différents langages (*domaines 1, 2 et 4 du socle commun*)

3 Recherchez la définition des termes suivants puis, pour chacun, expliquez pourquoi il peut s'appliquer à la situation des îles Kiribati.

- **Aléa :** ....
....
....
....
- **Changement climatique :** ....
....
....
....
- **Risque naturel :** ....
....
....
....
- **Vulnérable :** ....
....
....
....

ACCOMPAGNEMENT AP PERSONNALISÉ

☐ EXPLORATION GUIDÉE ou ☑ EXPLORATION AUTONOME

Quelles menaces pèsent sur les îles Kiribati ?

Doc. 1 Les îles Kiribati, paradis et enfer

« Les Kiribati, fine bande de terre, semblent flotter entre ciel et mer. Quand la marée descend, elle laisse, sur le sable, des détritus plastiques et électroniques ou pièces de voiture. À deux mètres en moyenne au-dessus de la surface de l'océan, ce pays est l'un des plus menacés par la hausse du niveau de la mer, causée par le réchauffement climatique. Érosion et inondations, salinisation des sols et faibles ressources en eau douce, mais aussi hausse des températures… les effets du changement climatique sont, aux Kiribati, très importants. À Tarawa-Sud, la montée de l'océan donne lieu à une infinité de petits combats. L'île est bordée de digues, comme des sacs de ciment ou des détritus entassés. À Betio, l'un des îlots les plus peuplés, fin février, des vagues, surpassant les murs de protection, ont déferlé sur l'hôpital qui a dû fermer pendant deux mois. »

Reportage photographique d'Angela Bolis, *lemonde.fr*, 19 septembre 2015.

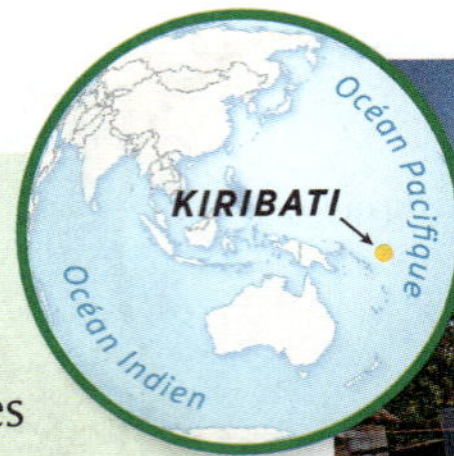

Doc. 2 Les Kiribati, bientôt sous l'eau ?
Quand l'eau monte, les réserves en eau potable sont inondées, tandis que les vagues détruisent propriétés, maisons et cultures agricoles.

Les escales

1. Localisez précisément les îles Kiribati. À quelle menace doivent-elles faire face ?

…………………………………………………………………………

…………………………………………………………………………

2. À l'aide des documents, complétez le tableau.

Risques pour les îles	Risques pour la population

Zoom compétence

Utiliser un vocabulaire précis

Pratiquer différents langages
(domaines 1, 2 et 4 du socle commun)

3. À partir de vos réponses, rédigez un texte pour décrire et expliquer les menaces qui pèsent sur les îles Kiribati et leurs habitants. Vous utiliserez les termes *changement climatique – vulnérable – aléa – risque naturel.*

…………………………………………………………………………

…………………………………………………………………………

…………………………………………………………………………

…………………………………………………………………………

…………………………………………………………………………

…………………………………………………………………………

…………………………………………………………………………

Comment les îles Kiribati peuvent-elles s'adapter au changement global ?

Doc. 1 Des tentatives d'adaptation

« Face à la montée des eaux, des solutions d'urgence ont été prises comme sur l'île de Tarawa-Sud où des murs constitués de sacs de sable ont été construits le long du littoral. La construction d'îles artificielles est une autre option. Problème : elle est très coûteuse… Dans ce contexte, les autorités réfléchissent à des solutions à long terme à apporter face à un phénomène climatique qui risque de transformer leur pays en nation "sans terre". Elles songent ainsi à déplacer une partie de leur population vers des contrées moins menacées, comme les îles Fidji ou le Timor-Oriental. Le gouvernement a aussi mis en place un programme baptisé "Migrations dans la dignité", afin de permettre la migration de ceux qui souhaitent partir, en améliorant leurs qualifications (apprendre l'anglais ou suivre une formation) afin de faciliter leur intégration sur le marché du travail du pays d'accueil. »

D'après Laurent Ribadeau Dumas, « Kiribati, l'archipel du Pacifique Sud qui se prépare à être submergé », *Géopolis.FranceTVinfo.fr*, 19 août 2014.

Doc. 2 Plantation de mangroves

La restauration des mangroves (végétaux qui se développent sur les zones de marées) a été décidée par le gouvernement des Kiribati. Option douce de protection contre les risques liés à la mer, elles favorisent la biodiversité et dépolluent l'eau du lagon.

Les escales

1. Dans le doc. 1, soulignez : en rouge, les mesures d'urgence prises face à la montée des eaux ; en bleu, les mesures sur le long terme. Quelle mesure face à la montée des eaux est illustrée par le doc. 2 ?

....

Zoom compétence

Réaliser un schéma pour structurer sa pensée

Pratiquer différents langages *(domaines 1, 2 et 4 du socle commun)*

2. Complétez le schéma à l'aide des documents et des propositions suivantes : *construction de digues – achat de terres à l'étranger – montée des eaux – programme « Migrations dans la dignité » – plantation de mangroves – création d'îles artificielles – réchauffement climatique.*

Un schéma permet d'ordonner ses idées, de les organiser et d'établir des liens logiques entre elles.
Pour le réaliser, commencez par lister les propositions que vous souhaitez faire figurer (ici, elles vous sont données dans la question) et classez-les de manière logique. Une fois ce travail fait, complétez votre schéma.

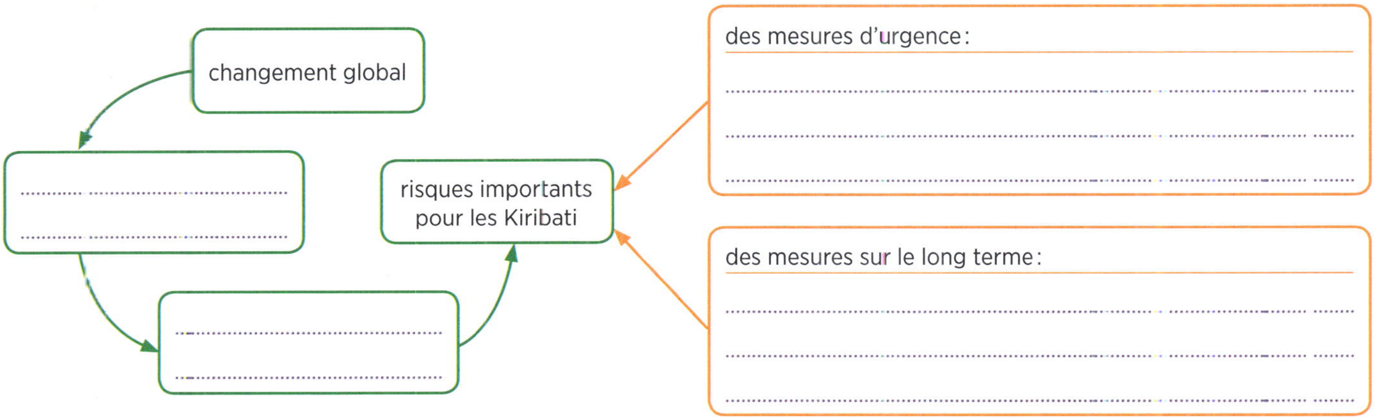

ACCOMPAGNEMENT PERSONNALISÉ AP

☐ EXPLORATION GUIDÉE ou ☑ EXPLORATION AUTONOME

Comment les îles Kiribati peuvent-elles s'adapter au changement global ?

Doc. 1 Des tentatives d'adaptation

« Face à la montée des eaux, des solutions d'urgence ont été prises comme sur l'île de Tarawa-Sud où des murs constitués de sacs de sable ont été construits le long du littoral. La construction d'îles artificielles est une autre option. Problème : elle est très coûteuse… Dans ce contexte, les autorités réfléchissent à des solutions à long terme à apporter face à un phénomène climatique qui risque de transformer leur pays en nation "sans terre". Elles songent ainsi à déplacer une partie de leur population vers des contrées moins menacées, comme les îles Fidji ou le Timor-Oriental. Le gouvernement a aussi mis en place un programme baptisé "Migrations dans la dignité", afin de permettre la migration de ceux qui souhaitent partir, en améliorant leurs qualifications (apprendre l'anglais ou suivre une formation) afin de faciliter leur intégration sur le marché du travail du pays d'accueil. »

D'après Laurent Ribadeau Dumas, « Kiribati, l'archipel du Pacifique Sud qui se prépare à être submergé », *Géopolis.FranceTVinfo.fr*, 19 août 2014.

Doc. 2 Plantation de mangroves

La restauration des mangroves (végétaux qui se développent sur les zones de marées) a été décidée par le gouvernement des Kiribati. Option douce de protection contre les risques liés à la mer, elles favorisent la biodiversité et dépolluent l'eau du lagon.

Les escales

1. À l'aide des doc. 1 et 2, listez dans le tableau les mesures d'urgence et les mesures sur le long terme prises par le gouvernement des îles Kiribati.

Mesures d'urgence	Mesures sur le long terme
…………	…………
…………	…………
…………	…………

Un schéma permet d'ordonner ses idées, de les organiser et d'établir des liens logiques entre elles.

Zoom compétence

Réaliser un schéma pour structurer sa pensée

Pratiquer différents langages *(domaines 1, 2 et 4 du socle commun)*

2. À l'aide de vos réponses et de vos connaissances, complétez le schéma.

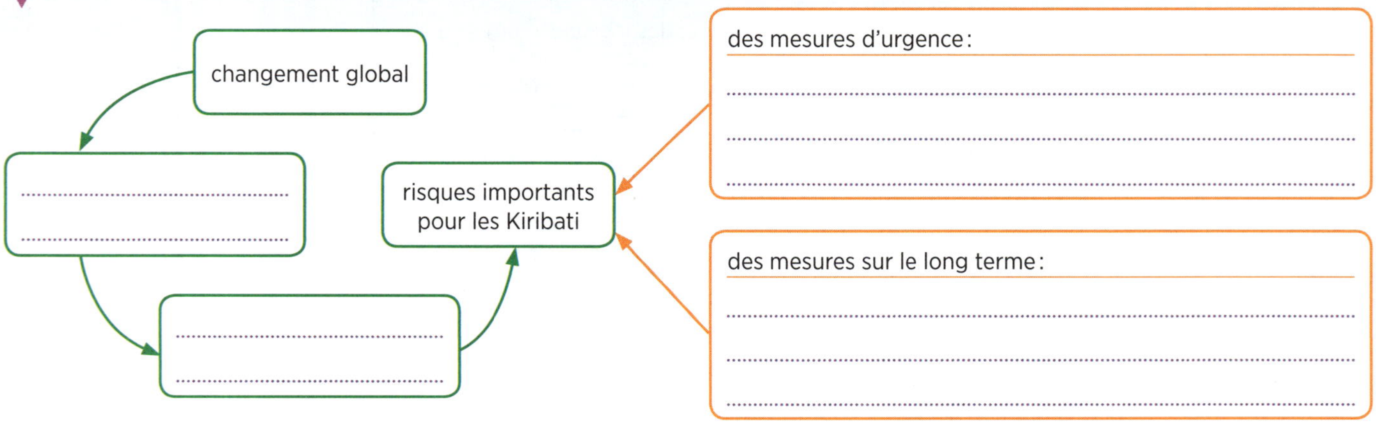

Quelles sont les conséquences d'une catastrophe technologique ?
Deepwater Horizon aux États-Unis

Les indices

Doc. 1 L'explosion de la plateforme Deepwater Horizon

« Survenue le 20 avril 2010, l'explosion de la plateforme Deepwater Horizon, à 80 km au large de La Nouvelle Orléans, a fait 11 morts et causé le déversement de 760 millions de litres de pétrole brut dans le golfe du Mexique… jusqu'à ce que les autorités arrivent à obstruer le puits quatre mois plus tard. L'accident s'est avéré être la pire catastrophe écologique que les États-Unis aient jamais connue. Pas de moins de 1 600 kilomètres de côte ont été touchés par la marée noire dégradant, voire tuant, l'écosystème qu'abritait le golfe du Mexique. Marécages, coraux, des milliers d'oiseaux et des centaines de tortues et de dauphins comptent parmi les victimes directes de cet accident. Les deux activités dont dépendaient les habitants du golfe du Mexique, le pétrole et la pêche, ont été toutes deux interdites, ce qui a entraîné de nombreuses faillites et des désertions. »

D'après Émeline Ferard, « Deepwater Horizon », *maxi-sciences.com*, 19 février 2012.

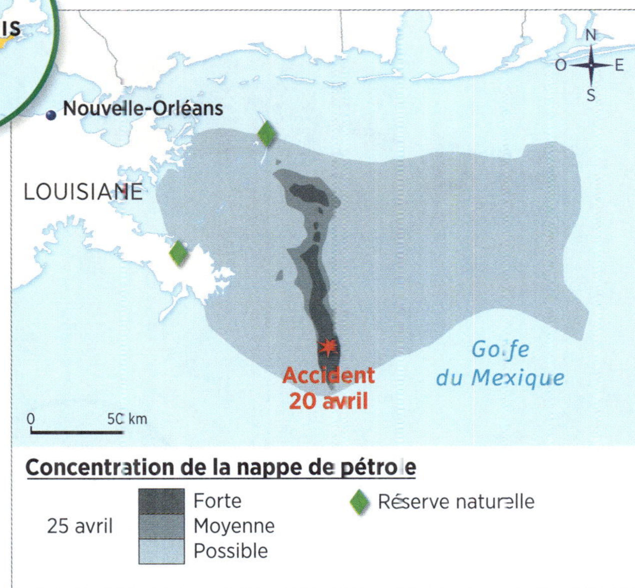

Doc. 2 La diffusion de la marée noire

Compétence
Faire le récit d'un événement en géographie
Pratiquer différents langages (domaines 1, 2 et 4 du socle commun)

1 Équipe A, localisez le lieu de cette catastrophe.

……………………………………………………………………………………

……………………………………………………………………………………

2 À l'aide des documents, complétez ce tableau sur les conséquences de la catastrophe.

conséquences environnementales	conséquences économiques	conséquences humaines
……………………	……………………	……………………
……………………	……………………	……………………

3 À l'aide de vos réponses, rédigez un texte pour faire le récit de cette catastrophe et de ses conséquences.

……………………………………………………………………………………

……………………………………………………………………………………

……………………………………………………………………………………

……………………………………………………………………………………

……………………………………………………………………………………

……………………………………………………………………………………

……………………………………………………………………………………

……………………………………………………………………………………

……………………………………………………………………………………

Pour raconter un événement, il convient de relever dans les documents :
- les dates et les faits ;
- les différents acteurs et leur rôle ;
- le dénouement et/ou les conséquences.

Quelles sont les conséquences d'une catastrophe technologique ?
Bhopal en Inde

Les indices

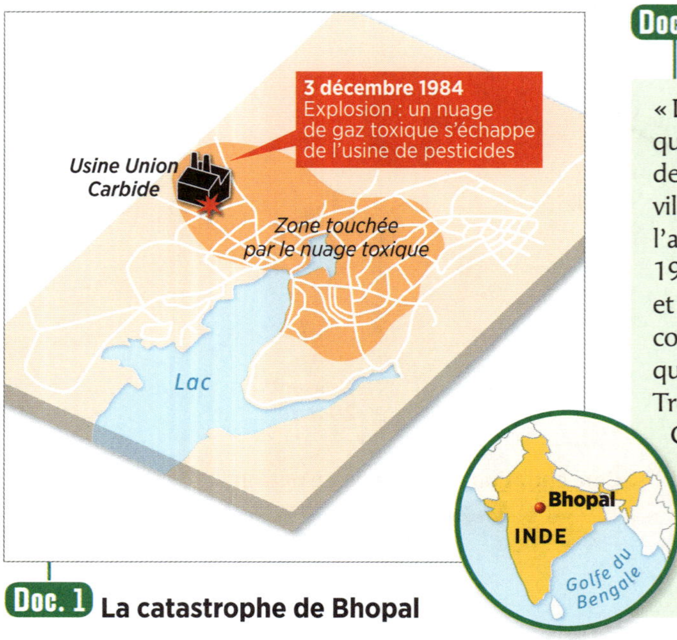

Doc. 1 La catastrophe de Bhopal

Doc. 2 30 ans après, la catastrophe de Bhopal fait encore des victimes

« Dans la nuit du 2 au 3 décembre 1984, après une explosion, quelque 40 tonnes de substances toxiques s'échappaient de l'usine de pesticides du groupe américain Union Carbide, asphyxiant la ville de Bhopal. Un premier bilan officiel, établi quelques mois après l'accident, fait état de 3 828 morts, un chiffre relevé à 7 575 en 1995. Les associations de victimes évoquent, elles, entre 20 000 et 25 000 personnes décédées dans les années qui ont suivi, sans compter les centaines de milliers de personnes durablement intoxiquées par le nuage. Aujourd'hui, le site reste hautement contaminé. Trente ans après, la catastrophe continue de faire des victimes. Ceux qui ont été exposés aux gaz toxiques ont donné naissance à des enfants souvent handicapés, d'autres enfants naissent avec des malformations à la suite de la consommation de l'eau des nappes phréatiques toujours contaminées. »

D'après un article de Julien Fouchet, Mandakini Ghalot et Hélène Eckmann, *france24.com*, 10 novembre 2014.

Compétence
faire le récit d'un événement en géographie
Pratiquer différents langages
(domaines 1, 2 et 4 du socle commun)

1. Équipe B, localisez le lieu de cette catastrophe.

....

....

2. À l'aide des documents, complétez ce tableau sur les conséquences de la catastrophe.

conséquences environnementales	conséquences humaines
....	....
....	....

3. À l'aide de vos réponses, rédigez un texte pour faire le récit de cette catastrophe et de ses conséquences.

....

....

....

....

....

....

....

....

....

....

Pour raconter un événement, il convient de relever dans les documents :
- les dates et les faits ;
- les différents acteurs et leur rôle ;
- le dénouement et/ou les conséquences.

Désastre industriel, catastrophe naturelle ou effet du changement climatique ?

La disparition du lac Poopó (Bolivie)

La mission

Vous êtes une équipe de stagiaires engagés pour un mois au quotidien *Le Monde*. Un journaliste demande à l'un de vous de taper son article pendant qu'il se rend à une conférence de rédaction. Mais un verre de jus d'orange tombe malencontreusement sur l'article. Il ne vous reste que le titre : « La disparition du lac Poopó en Bolivie, un désastre industriel ou un effet du changement climatique ? » et le dossier documentaire. Comme vous êtes solidaires, vous décidez de réécrire l'article tous ensemble. Vous avez une heure avant que la conférence de rédaction se termine.

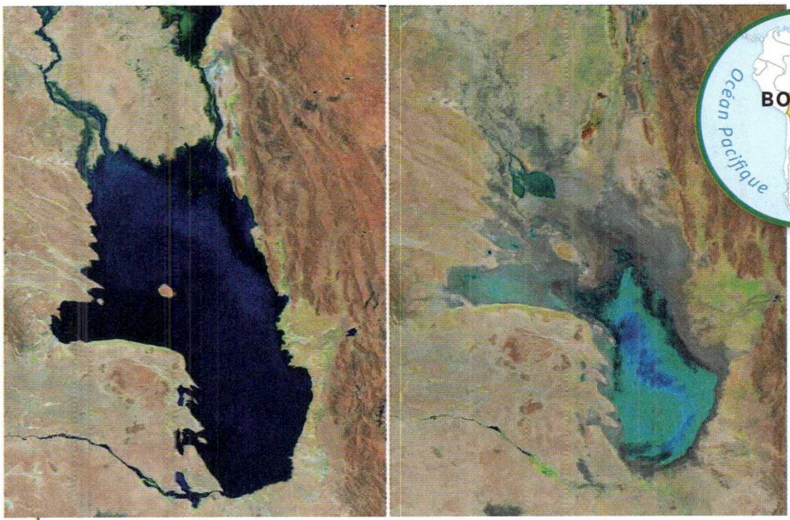

Doc. 1 Le lac Poopó, il y a 25 ans et aujourd'hui

Doc. 2 La disparition du lac Poopó en Bolivie

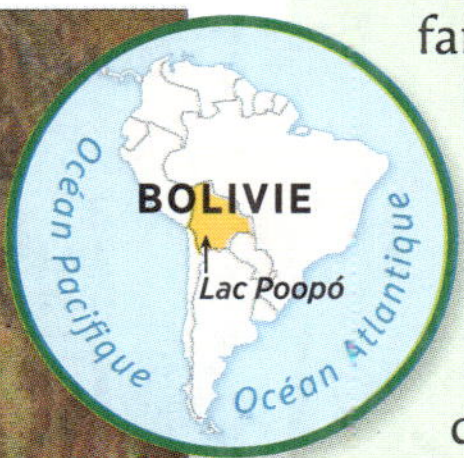

« À le voir aujourd hui, il semble difficile de croire que le lac Poopó a été le deuxième plus grand lac du pays, après le lac Titicaca. Victime du changement climatique qui accélère l'évaporation des eaux et de négligences industrielles, ce lac salin a complètement disparu en décembre 2015, laissant derrière lui une vaste surface désertifiée d'environ 4 000 km². Cette crise affecte plusieurs familles vivant autour du lac Poopó, car le lac leur fournissait de l'eau. La faune qui le peuplait autrefois a aujourd'hui complètement disparu. Selon les experts, plusieurs millions de poissons et 500 oiseaux seraient morts à cause de la sécheresse. Dans les années 1990, il y avait au moins 2 000 km² d'eau, puis le niveau a commencé à baisser. En effet, le lac a été victime de l'activité industrielle, particulièrement de la contamination et de la surexploitation par les 150 exploitations minières environnantes. »

Emmanuel Perrin, « Le lac Poopó, 2e plus grand lac de Bolivie, a complètement disparu », *maxisciences.com*, 12 janvier 2016.

Compétence
Mettre ses connaissances à la disposition des autres
Coopérer et mutualiser (domaines 2 et 3 du socle commun)

....
....
....
....
....
....
....
....
....
....
....
....

Désastre industriel, catastrophe naturelle ou effet du changement climatique ?

La catastrophe de Fukushima (Japon)

La mission

Vous êtes une équipe de stagiaires engagés pour un mois au quotidien *Le Monde*. Un journaliste demande à l'un de vous de taper son article pendant qu'il se rend à une conférence de rédaction. Mais un verre de jus d'orange tombe malencontreusement sur l'article. Il ne vous reste que le titre : « La catastrophe de Fukushima au Japon, un désastre industriel ou une catastrophe naturelle ? » et le dossier documentaire. Comme vous êtes solidaires, vous décidez de réécrire l'article tous ensemble. Vous avez une heure avant que la conférence de rédaction se termine.

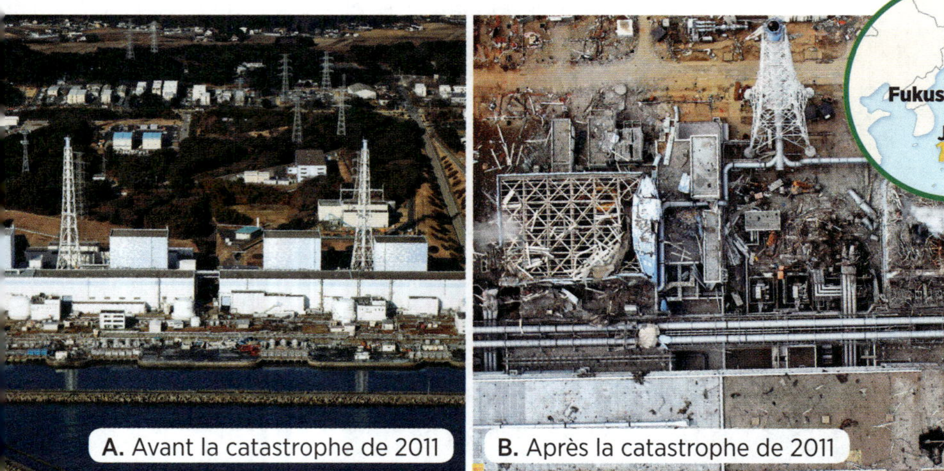

A. Avant la catastrophe de 2011

B. Après la catastrophe de 2011

Doc. 1 La centrale nucléaire de Fukushima Daiichi

À la suite de la catastrophe du 11 mars 2011, la production d'électricité nucléaire a été stoppée au Japon. En 2015, le pays a décidé de remettre en marche une centrale.

Doc. 2 L'accident du 11 mars 2011

« La centrale nucléaire de Fukushima Daiichi a été conçue pour résister à des bombardements ; les systèmes de secours étaient situés en sous-sol. C'est pourquoi l'inondation provoquée par le tsunami a paralysé les systèmes de refroidissement, conduisant à la perte de contrôle de trois réacteurs. Après une suite d'explosions, une contamination radioactive[1] a frappé gravement la région. Par ailleurs, les digues de protection, à moins de 8 mètres de hauteur, n'avaient été prévues que pour des tsunamis mineurs. Enfin, le manque d'organisation des premières heures après la catastrophe tend à montrer qu'un accident de cette nature n'avait pas été prévu par l'exploitant de la centrale (la compagnie d'électricité TEPCO) ; pas plus que la protection des populations. »

D'après Philippe Pelletier, *Atlas du Japon*, Éd. Autrement, 2012.

1. Ce type de contamination dure plusieurs centaines d'années.

Compétence

Mettre ses connaissances à la disposition des autres

Coopérer et mutualiser (domaines 2 et 3 du socle commun)

....

....

....

....

....

....

....

....

....

....

Prévenir les risques, s'adapter au changement global

A. J'AI TRAVAILLÉ DES COMPÉTENCES

Évaluez votre maîtrise des compétences travaillées dans ce thème.

	très bonne maîtrise	maîtrise satisfaisante	maîtrise fragile	maîtrise insuffisante	Remarque
utiliser un vocabulaire précis ➤ fiche 36					....
réaliser un schéma pour structurer sa pensée ➤ fiche 37					....
faire le récit d'un événement en géographie ➤ fiche 38					....
mettre ses connaissances à la disposition des autres ➤ fiche 39					....

B. J'AI CONSTRUIT DES REPÈRES

Repères dans l'espace
• connaître les territoires des études de cas menées en classe

1 En vous basant sur le travail effectué en classe, entourez en rouge sur le planisphère un État qui a connu une catastrophe industrielle et décrivez-la.

....

....

....

2 Entourez en noir un État menacé par le changement climatique et expliquez cette menace.

....

....

....

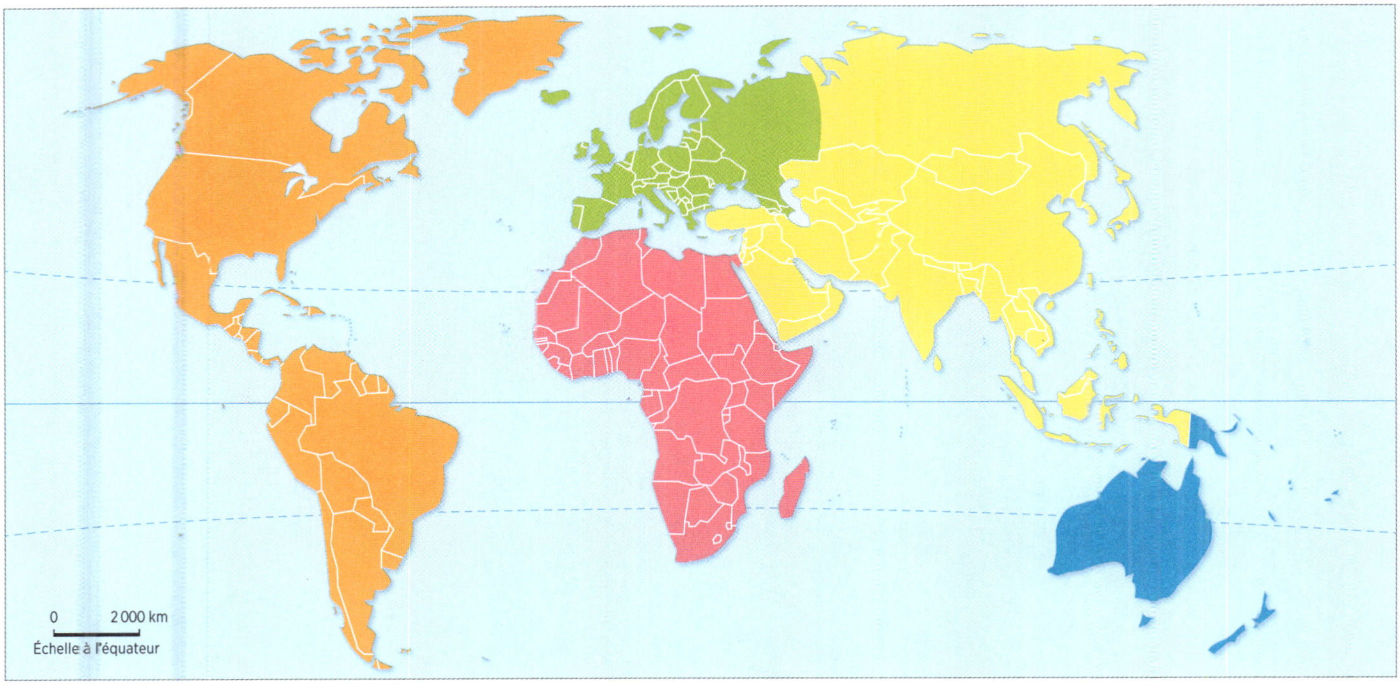

Internet, espace de liberté ou de danger ?

Les identités numériques

Les indices

Doc. 1 Une identité numérique difficile à protéger

« 40 % des collégiens et lycéens français disent avoir été victimes de cyberviolence au moins une fois dans l'année scolaire (SMS, réseaux sociaux, etc.). 12 % d'entre eux ont été victimes d'usurpation d'identité sur le Net, et 6 % disent être harcelés de façon répétée (*happy slapping* [agression filmée], sextos, etc.).
D'après l'étude américaine "*Being 13*, À l'intérieur du monde secret des ados", 21 % des adolescents surveillent leur(s) compte(s) plus de 100 fois par jour pour vérifier ce que l'on dit sur eux. »

Michèle Longour, « Respect Zone : un label contre la cyberviolence et la haine sur Internet », *reussirmavie.net*, 2015.

Doc. 2 Les risques de l'anonymat sur Internet

Capacités et attitudes
- expliquer les grands principes de la justice
- développer les aptitudes à l'esprit critique

1 Équipe A, à partir de vos pratiques sur Internet, dressez la liste des libertés que vous y trouvez.

....

....

....

....

2 Relevez les dangers d'Internet cités dans le doc. 1.

Avant de rédiger votre réponse, entourez les éléments de réponse que vous repérez dans le texte.

....

....

....

....

3 Décrivez le doc. 2. Quel message veut-il faire passer ?

....

....

....

....

4 À l'aide des documents et de votre expérience, expliquez comment vous pouvez protéger votre identité sur Internet.

....

....

....

....

....

Internet, espace de liberté ou de danger ?
Les réseaux sociaux

Les indices

Doc. 1 **Le cyberharcèlement**

« Tout a commencé après une dispute avec une copine de classe. Pour se venger, elle m'a humiliée sur Facebook. Elle disait que j'étais moche, grosse [...]. Très vite, les commentaires se sont multipliés. Tout le monde en parlait dans la cour de récré. Je ne voulais plus retourner à l'école.
Ma mère a envoyé un mail au réseau social pour qu'il supprime les messages. [...] Au début, Facebook ne considérait pas cela comme du harcèlement... Il a fallu menacer de porter plainte. Aujourd'hui tout est rentré dans l'ordre ; j'ai conservé mon compte Facebook, mais maintenant ma mère surveille ce que je publie. »

Camille Legrand, « Harcèlement sur Internet, témoignages d'ados », *leparisien.fr*, 2013.

Doc. 2 **Réseaux sociaux et vie privée**

Capacités et attitudes
– expliquer les grands principes de la justice
– développer les aptitudes à l'esprit critique

1 Équipe B, à partir de vos pratiques sur Internet, dressez la liste des libertés que vous y trouvez.

....

....

....

....

2 Relevez les dangers d'Internet cités dans le doc. 1.

Avant de rédiger votre réponse, entourez les éléments de réponse que vous repérez dans le texte.

....

....

....

....

3 Décrivez le doc. 2. Quel message veut-il faire passer ?

....

....

....

4 À l'aide des documents et de votre expérience, expliquez comment vous pouvez protéger votre vie privée sur Internet.

....

....

....

....

Comment combattre les discriminations ?

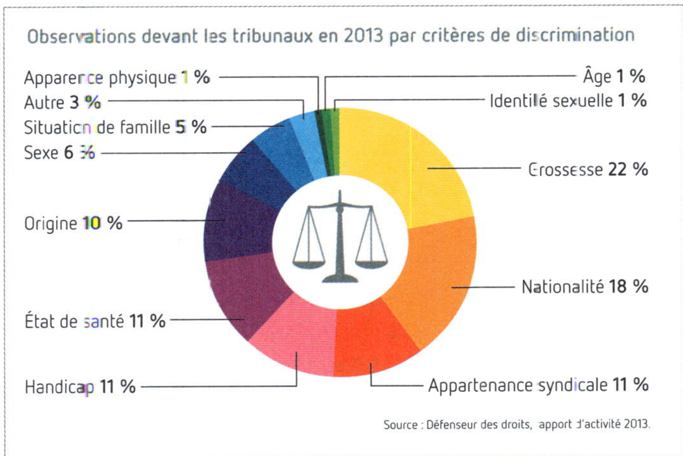

Doc. 1 Les discriminations les plus fréquentes

Doc. 2 La justice protège les victimes de discriminations

> Une discrimination est le fait de traiter différemment des personnes ou des groupes de personnes dans une société.

« La compagnie aérienne EasyJet a été condamnée jeudi à 60 000 euros d'amende par le tribunal correctionnel de Bobigny pour avoir refusé l'embarquement à une passagère handicapée, au motif qu'elle voyageait sans accompagnateur.
Nicolas Demard, représentant du Défenseur des droits, l'autorité qui a porté ce dossier, a salué jeudi "une nouvelle condamnation pour discrimination et politique discriminatoire". "Le tribunal a confirmé que ces pratiques étaient interdites par la loi et le règlement européen. Le Défenseur des droits est très vigilant en ce qui concerne les questions des droits des handicapés", a-t-il déclaré. »

D'après Agence France Presse, cité dans *liberation.fr*, 3 juillet 2014.

Les escales

Capacités et attitudes
- distinguer une inégalité d'une discrimination
- exprimer des sentiments moraux et les confronter avec ceux des autres

1 Sur le doc. 1, entourez : en rouge, le principal critère de discrimination ; en bleu, celui qui arrive en seconde position ; en vert, les critères de discrimination qui arrivent en 3e position. Selon le doc. 2, dans quels domaines de la vie peuvent-elles s'exercer ?

....

....

2 Dans le doc. 2, soulignez : en bleu, la personne victime ; en rouge, la discrimination subie ; en vert, le nom de l'autorité qui aide ces victimes à faire valoir leurs droits. De quelle manière les victimes peuvent-elles obtenir réparation ?

....

....

3 ***Avec mes camarades : jeu de rôle***
Formez un groupe de 4 élèves. Découpez les 4 cartes, disposez-les face cachée sur la table et tirez au sort les différents rôles. Mettez-vous dans la peau des 4 personnages, puis confrontez vos points de vue.
Un(e) élève en fauteuil roulant est sur le point de faire sa rentrée en cinquième. Imaginez les arguments des différents acteurs.

L'élève en fauteuil roulant

Je préviens : « Je veux aller au collège. »

J'explique pourquoi.

Je dis ce que je ressens.

J'exprime mon besoin.

Je propose des solutions.

Les collégiens

Nous prévenons : « On n'a pas l'habitude. »

Nous expliquons pourquoi.

Nous disons ce que nous ressentons.

Nous exprimons notre besoin

Nous proposons des solutions.

ACCOMPAGNEMENT PERSONNALISÉ AP

☐ EXPLORATION GUIDÉE ou ☑ EXPLORATION AUTONOME

Parcours CITOYEN

Comment combattre les discriminations ?

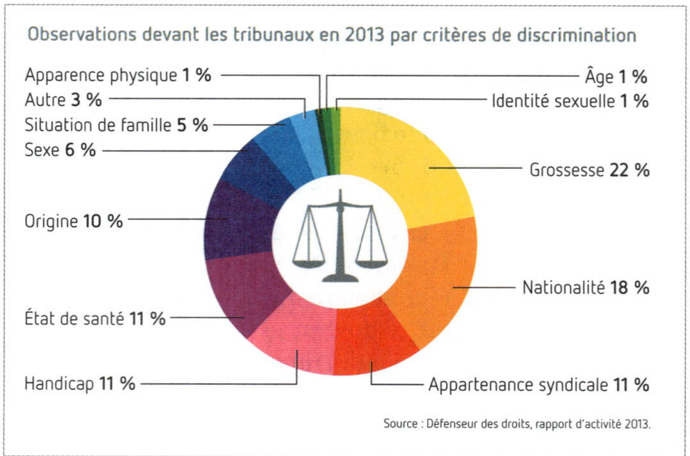

Doc. 1 Les discriminations les plus fréquentes

Doc. 2 La justice protège les victimes de discriminations

« La compagnie aérienne EasyJet a été condamnée jeudi à 60 000 euros d'amende par le tribunal correctionnel de Bobigny pour avoir refusé l'embarquement à une passagère handicapée, au motif qu'elle voyageait sans accompagnateur.

Nicolas Demard, représentant du Défenseur des droits, l'autorité qui a porté ce dossier, a salué jeudi "une nouvelle condamnation pour discrimination et politique discriminatoire". "Le tribunal a confirmé que ces pratiques étaient interdites par la loi et le règlement européen. Le Défenseur des droits est très vigilant en ce qui concerne les questions des droits des handicapés", a-t-il déclaré. »

D'après Agence France Presse, cité dans *liberation.fr*, 3 juillet 2014.

> Une discrimination est le fait de traiter différemment des personnes ou des groupes de personnes dans une société.

Les escales

Capacités et attitudes
- distinguer une inégalité d'une discrimination
- exprimer des sentiments moraux et les confronter avec ceux des autres

1. À l'aide du doc. 1, montrez que les discriminations prennent des formes diverses (critères et domaines).

....

....

....

....

2. À l'aide du doc. 2, expliquez qu'il est possible de lutter contre les discriminations.

....

....

....

3. ***Avec mes camarades : jeu de rôle***

Formez un groupe de 4 élèves. Découpez les 4 cartes, disposez-les face cachée sur la table et tirez au sort les différents rôles. Mettez-vous dans la peau des 4 personnages, puis confrontez vos points de vue.

Un(e) élève en fauteuil roulant est sur le point de faire sa rentrée en cinquième. Imaginez les arguments des différents acteurs.

Le (la) principal(e) du collège

Je préviens : « Cela semble compliqué. »

J'explique pourquoi.

Je dis ce que je ressens.

J'exprime mon besoin.

Je propose des solutions.

Les parents de l'élève

Nous prévenons : « C'est notre droit. »

Nous expliquons pourquoi.

Nous disons ce que nous ressentons.

Nous exprimons notre besoin.

Nous proposons des solutions.

Comment l'égalité s'est-elle construite en France ?

L'égalité entre les citoyens

Les indices

1789
Abolition des privilèges ; Déclaration des droits de l'homme et du citoyen

1848
Abolition de l'esclavage ; suffrage universel masculin

1881-1882
Lois de Jules Ferry sur l'école laïque, obligatoire et gratuite

1914
Création d'un impôt progressif sur le revenu

1945
Création de la Sécurité sociale ; les femmes votent pour la première fois

1965
Loi permettant le travail des femmes sans autorisation préalable du mari

1999
Création de la couverture maladie universelle (CMU)

2000
Loi sur la parité

2005
Loi pour l'égalité des chances et des droits des personnes handicapées

2007
Loi sur le droit au logement opposable

2013
Loi sur le mariage homosexuel

Doc. 1 Les grandes dates de l'égalité en France

Doc. 2 La lutte contre les déserts médicaux

« Le Pacte-santé, lancé en 2012, propose d'attribuer une bourse de 1 200 euros mensuels aux étudiants en médecine qui s'engagent à s'installer plus tard dans les territoires en manque de médecins. Ce pacte prévoit aussi le développement d'infrastructures de soins, comme les maisons de santé. »

D'après « La lutte contre les déserts médicaux », *gouvernement.fr*, 12 mai 2016.

La parité est l'égalité de représentation des hommes et des femmes (notamment en politique).
Les privilèges sont le fait qu'une personne (ou un groupe) ait des droits que d'autres n'ont pas.

Capacités et attitudes
– expliquer les différentes dimensions de l'égalité

1 Équipe A, sur le doc. 1, soulignez : en rouge, un progrès de l'égalité politique ; en vert, un progrès de l'égalité face à la santé ; en bleu, un progrès de l'égalité dans le monde du travail ; en noir, un progrès pour l'égalité des droits civils. Au profit de qui ces lois ont-elles peu à peu renforcé le principe d'égalité en France ?

....

....

2 D'après le doc. 2, expliquez ce qu'on appelle un désert médical.

....

Dans le texte, soulignez en noir les solutions mises en place par le gouvernement pour réduire les inégalités face aux soins.

3 Complétez le schéma à l'aide des propositions suivantes : *lois – femmes – égalité – politiques – handicapés – redistribution des richesses – sociaux – personnes vulnérables – services publics – homosexuels – économiques – sécurité sociale.*

Mêmes droits ....
Mêmes droits ....
Mêmes droits ....

→ Construction de l'..............................

→ Des bénéficiaires : ....
....
....

→ Des moyens : ....
....
....

Comment l'égalité s'est-elle construite en France ?

L'égalité entre les enfants

Les indices

1833
Loi Guizot : obligation pour les communes d'entretenir une école primaire pour les garçons

1850
Loi Falloux : obligation pour les communes d'entretenir une école primaire pour les filles

1881-1882
Lois Ferry : école primaire gratuite, obligatoire, publique et laïque pour les garçons et les filles de 6 à 13 ans

1936
Scolarité obligatoire jusqu'à 14 ans ; gratuité de l'enseignement secondaire

1959
Scolarité obligatoire jusqu'à 16 ans

Années 1960
Généralisation de la mixité

1975
Création du collège unique, accueillant tous les enfants avec des programmes identiques

2005
Loi sur le handicap et la scolarisation des enfants handicapés en école ordinaire

Doc. 1 Faire progresser le droit à l'éducation

Doc. 2 Faire progresser le droit aux vacances

« De mai à fin août, dans toute la France, des centaines de départs rythment la campagne "Vacances" du Secours populaire. Parce que les vacances permettent de s'évader de ses problèmes quotidiens et de passer des moments inoubliables, le Secours populaire s'engage pour permettre à tous de partir en vacances. En France, les inégalités continuent de se creuser, la pauvreté gagne du terrain et de moins en moins de Français partent en vacances.
Tout l'été, de nombreuses actions sont menées par les bénévoles pour offrir aux jeunes et aux enfants l'occasion de s'évader le temps de quelques jours de vacances. 1 enfant sur 3 ne part pas en vacances. Pourtant les vacances sont un droit et elles font grandir. L'association propose des départs en colonies ou en familles de vacances. »

« Campagne Vacances », *secourspopulaire.fr*, 2015.

Capacités et attitudes
– expliquer les différentes dimensions de l'égalité

1 Équipe B, sur le doc. 1, soulignez : en rouge, la loi en faveur de la scolarisation des filles ; en bleu, les mesures en faveur de la scolarisation des enfants de familles modestes ; en vert, la loi en faveur de la scolarisation des enfants handicapés. Dites à partir de quand les enfants ont reçu le même enseignement au collège.

....

....

2 Dans le doc. 2, entourez la proportion d'enfants qui ne partent pas en vacances en France. Quelles personnes se mobilisent pour remédier à cette injustice ?

....

Dans le texte, soulignez en rouge les expressions qui montrent que les vacances sont un droit important.

3 Complétez le schéma à l'aide des propositions suivantes : *éducation – filles – mixité – égalité – lois – modestes – vacances – laïcité – associations – unique – handicapés – gratuité*.

Mêmes droits à l'..................
Mêmes droits aux ....

→ Construction de l'.................. entre enfants

→ Les bénéficiaires : les ...., les enfants de familles ...., les enfants ....
....

→ Des moyens : .... sur la ...., la ...., la ...., collège ...., rôle des ....

Quelles sont les figures emblématiques de la lutte pour l'égalité ?

Rosa Parks, aux États-Unis

Les indices

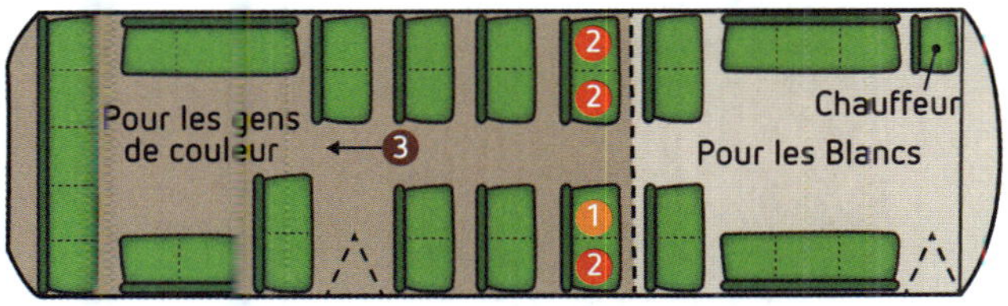

1 Le 1er décembre 1955, Rosa Parks monte dans le bus et s'assoit sur un siège côté couloir dans la section désignée pour les « gens de couleur ».

2 Trois arrêts plus loin, le chauffeur dit à Rosa Parks et à trois autres Noirs dans sa rangée de se déplacer vers le fond pour laisser la place à un Blanc.

3 Les trois Noirs se rendent au fond ; Rosa Parks glisse sur le siège près des fenêtres et refuse de bouger.

Rosa Parks est arrêtée, emprisonnée et condamnée à une amende pour avoir refusé de laisser sa place à la demande du chauffeur de bus.

Doc. 1 L'acte de désobéissance de Rosa Parks

Doc. 2 Les conséquences de son arrestation

Rosa Parks, arrêtée le 1er décembre 1955, est condamnée à une amende de 15 dollars pour désordre public et violation des lois locales.

La communauté afro-américaine de Montgomery en Alabama (États-Unis), emmenée par le jeune pasteur Martin Luther King, réagit par la non-violence et la désobéissance civile.

C'est le début du boycott par la communauté noire des bus publics de Montgomery[1]. La plupart des gens se mettent à marcher. Des taxis conduits par des Noirs proposent des courses au prix du bus. Peu à peu, grâce en partie à l'écho international qu'a le mouvement, des fonds arrivent, permettant de mettre en place un service d'autobus parallèle… ou l'achat de paires de chaussures. Après 381 jours de boycott, la Cour suprême invalide la décision ayant condamné Rosa Parks à une amende et interdit la ségrégation raciale dans les bus.

© Éditions Belin, 2017.

1. Les Noirs représentaient 75 % des utilisateurs du bus.

Capacités et attitudes
– comprendre la relation entre l'engagement des citoyens dans la cité et l'engagement des élèves dans l'établissement

1 Équipe A, complétez le tableau à l'aide des documents.

Nom de la personne	....
Dans quel pays ?	....
Contre quoi lutte cette personne ?	....
Que lui est-il arrivé ?	....
Quels moyens de lutte sont utilisés ?	....
Comment s'est achevée sa lutte ?	....
Pourquoi est-elle devenue un symbole de la lutte contre les inégalités ?	....

2 Le nouveau gymnase de votre quartier a été appelé Gymnase Rosa Parks. Votre équipe a été retenue pour prononcer un discours, lors de son inauguration, sur la vie de Rosa Parks et son engagement contre les inégalités. À vous de jouer !

Quelles sont les figures emblématiques de la lutte pour l'égalité ?

Nelson Mandela, en Afrique du Sud

Les indices

Doc. 1 Nelson Mandela et la lutte pour l'égalité entre Blancs et Noirs en Afrique du Sud

Avocat noir, Nelson Mandela est devenu le symbole de la lutte non-violente contre la politique de l'Apartheid, qui a imposé à partir de 1948 aux personnes de couleur d'Afrique du Sud de vivre (généralement dans la pauvreté) séparées des Blancs. Alors que de nombreux États étrangers boycottent l'Afrique du Sud (refus de commercer avec le pays...), Nelson Mandela est arrêté par le gouvernement en 1962 et emprisonné, pour incitation à la désobéissance civile en refusant l'Apartheid. Il est libéré seulement en 1990. En 1993, il obtient le prix Nobel de la Paix, avec le président blanc Frederik de Klerk, pour l'abolition de l'Apartheid.

© Éditions Belin, 2017.

Doc. 2 Hommage à Nelson Mandela

Cette œuvre de Marco Cianfanelli (artiste sud-africain) a été installée à l'emplacement où Nelson Mandela a été arrêté. Il y est représenté de profil ; son visage est créé par 50 plaques d'acier (rappelant des barreaux de prison) espacées les unes des autres. La lumière qui se faufile entre les vides crée une forte symbolique.

Capacités et attitudes
– comprendre la relation entre l'engagement des citoyens dans la cité et l'engagement des élèves dans l'établissement

1 Équipe B, complétez le tableau à l'aide des documents.

Nom de la personne	....
Dans quel pays ?	....
Contre quoi lutte cette personne ?	....
Que lui est-il arrivé ?	....
Quels moyens de lutte sont utilisés ?	....
Comment s'est achevée sa lutte ?	....
Pourquoi est-elle devenue un symbole de la lutte contre les inégalités ?	....

2 La nouvelle médiathèque de votre quartier a été appelée Médiathèque Nelson Mandela. Votre équipe a été retenue pour prononcer un discours, lors de son inauguration, sur la vie de Nelson Mandela et son engagement contre les inégalités. À vous de jouer !

Pour ou contre une tenue obligatoire au collège ?

Doc. 1 Un retour de la blouse pour lutter contre les inégalités ?

Les parents d'élèves d'un collège public de Toulouse ont exprimé, dans un questionnaire, le souhait que leurs enfants portent une blouse.

« "Nous voulons lutter contre la dictature des marques et de certains élèves, socialement privilégiés, qui imposent les tenues et se placent en situation de domination. Des élèves qui n'ont pas le code vestimentaire en souffrent", explique la principale de ce collège du centre de Toulouse.

Mais contrairement à l'image d'Épinal, la blouse n'a pas été mise en place dans un objectif d'égalité républicaine. "C'est un mythe. Le but était alors de protéger les vêtements qui pesaient lourdement sur le budget des familles", explique un historien de l'éducation.

"Dans le secondaire, l'uniforme pouvait être obligatoire, l'objectif étant de développer un sentiment d'appartenance à une communauté d'élite", poursuit-il, décrivant "un patriotisme d'établissement, comme en Angleterre". Si elle devait arriver au collège, la blouse serait "identique pour les filles et les garçons", estime la principale. Afin de lisser les différences et de cacher les tenues inappropriées, ces shorts courts, décolletés plongeants et tenues de plage qui envahissent les salles de classe. »

D'après Caroline Beyer, « À Toulouse, un collège public prône le retour de la blouse », *lefigaro.fr*, 2014.

A

B

Doc. 2 Des tenues d'établissement qui existent déjà

A. Les élèves de l'internat de Sourdun (Seine-et-Marne) portent un uniforme depuis 2012.

B. De très nombreux collèges de Guadeloupe ont imposé à leurs élèves une tenue réglementaire.

Capacités et attitudes

– développer les aptitudes à la réflexion critique
– comprendre que deux valeurs de la République, la liberté et l'égalité, peuvent entrer en tension

Les escales

1 Sur le doc. 1, soulignez : en bleu, les quatre arguments en faveur d'une tenue unique imposée au collège ; en vert, les deux formes que pourrait prendre cette tenue obligatoire.

2 D'après le texte, la blouse servait-elle autrefois à établir plus d'égalité entre les élèves ?

....

3 Diriez-vous que les tenues visibles sur le doc. 2 sont… *(entourez vos choix)*

loufoques — solennelles — ringardes — étranges

sérieuses — jolies — démodées — tristes

4 ***Je débats avec mes camarades***

Préparez vos arguments en regroupant, sur un tableau à deux colonnes, vos arguments en faveur d'une tenue obligatoire au collège d'un côté, vos arguments contre de l'autre. Pensez à vous appuyer sur les documents, vos réponses et vos idées personnelles.

ACCOMPAGNEMENT AP PERSONNALISÉ

☐ EXPLORATION GUIDÉE ou ☑ EXPLORATION AUTONOME

Pour ou contre une tenue obligatoire au collège ?

Doc. 1 Un retour de la blouse pour lutter contre les inégalités ?

Les parents d'élèves d'un collège public de Toulouse ont exprimé, dans un questionnaire, le souhait que leurs enfants portent une blouse.

« "Nous voulons lutter contre la dictature des marques et de certains élèves, socialement privilégiés, qui imposent les tenues et se placent en situation de domination. Des élèves qui n'ont pas le code vestimentaire en souffrent", explique la principale de ce collège du centre de Toulouse.

Mais contrairement à l'image d'Épinal, la blouse n'a pas été mise en place dans un objectif d'égalité républicaine. "C'est un mythe. Le but était alors de protéger les vêtements qui pesaient lourdement sur le budget des familles", explique un historien de l'éducation.

"Dans le secondaire, l'uniforme pouvait être obligatoire, l'objectif étant de développer un sentiment d'appartenance à une communauté d'élite", poursuit-il, décrivant "un patriotisme d'établissement, comme en Angleterre". Si elle devait arriver au collège, la blouse serait "identique pour les filles et les garçons", estime la principale. Afin de lisser les différences et de cacher les tenues inappropriées, ces shorts courts, décolletés plongeants et tenues de plage qui envahissent les salles de classe. »

D'après Caroline Beyer, « À Toulouse, un collège public prône le retour de la blouse », *lefigaro.fr*, 2014.

A

B

Doc. 2 Des tenues d'établissement qui existent déjà

A. Les élèves de l'internat de Sourdun (Seine-et-Marne) portent un uniforme depuis 2012.

B. De très nombreux collèges de Guadeloupe ont imposé à leurs élèves une tenue réglementaire.

Les escales

Capacités et attitudes
- développer les aptitudes à la réflexion critique
- comprendre que deux valeurs de la République, la liberté et l'égalité, peuvent entrer en tension

1. Sur le doc. 1, soulignez en bleu les quatre arguments en faveur d'une tenue unique imposée au collège. Sur les doc. 1 et 2, soulignez en vert les différentes formes de tenues présentées.

2. D'après le texte, à quel principe républicain la blouse est-elle associée ? Est-ce justifié ?

....

....

3. Selon vous, quelle impression se dégage des tenues présentées dans le doc. 2 ? Justifiez votre réponse.

....

....

....

....

4. ***Je débats avec mes camarades***
Préparez vos arguments en regroupant, sur un tableau à deux colonnes, vos arguments en faveur d'une tenue obligatoire au collège d'un côté, vos arguments contre de l'autre. Pensez à vous appuyer sur les documents, vos réponses et vos idées personnelles.

ACCOMPAGNEMENT AP PERSONNALISÉ

Faut-il restreindre nos libertés au nom de la sécurité ?

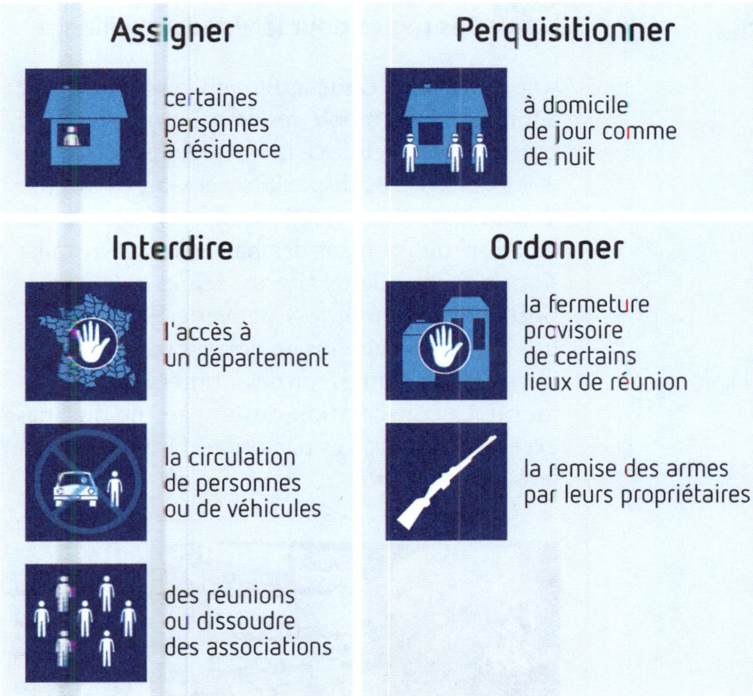

Doc. 1 Les mesures liées à l'état d'urgence

L'état d'urgence, instauré en novembre 2015 au lendemain de l'attentat au Bataclan, a été prolongé pour la 5e fois en décembre 2016 par un vote très majoritaire des députés de l'Assemblée nationale.

Doc. 2 Des règles pour la vidéosurveillance

« Le nombre de caméras filmant la voie publique a fortement augmenté ces dernières années pour prévenir des atteintes à la sécurité des personnes et des biens. Ces dispositifs peuvent permettre de constater des infractions aux règles de la circulation, de protéger des bâtiments et installations publics et leurs abords. Seules les autorités publiques (les mairies) peuvent filmer la voie publique. Ces caméras ne doivent pas permettre de visualiser l'intérieur des immeubles d'habitation. La conservation des images ne doit pas excéder un mois. Les personnes filmées doivent être informées. »

« Sur la voie publique », *cnil.fr*, 2015.

L'état d'urgence désigne une mesure d'exception prise par le gouvernement en cas de danger extrêmement grave.

Les escales

Capacités et attitudes
- développer les aptitudes à la réflexion critique
- différencier son intérêt particulier de l'intérêt général

1. Sur le doc. 1, entourez : en rouge, les restrictions du droit de circuler ; en bleu, celles du droit de réunion ; en vert, celles du droit de propriété ; en noir, celles du droit à la vie privée. Quelle information montre que la reconduction de l'état d'urgence se fait dans un cadre démocratique ?

....

2. Sur le doc. 2, soulignez : en rouge, les buts de la vidéosurveillance ; en bleu, les règles établies pour garantir les citoyens contre un usage abusif de la vidéosurveillance.

3. Rédigez un paragraphe pour expliquer si, selon vous, la restriction de certaines libertés au nom de la sécurité est une menace pour la démocratie.

....
....
....
....
....
....

Faut-il restreindre nos libertés au nom de la sécurité ?

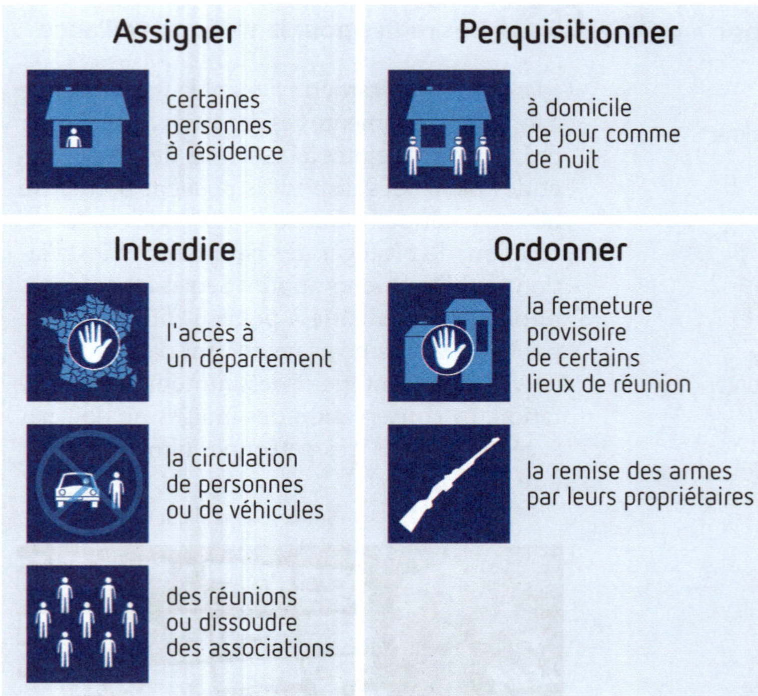

Doc. 1 Les mesures liées à l'état d'urgence

L'état d'urgence, instauré en novembre 2015 au lendemain de l'attentat au Bataclan, a été prolongé pour la 5e fois en décembre 2016 par un vote très majoritaire des députés de l'Assemblée nationale.

Doc. 2 Des règles pour la vidéosurveillance

« Le nombre de caméras filmant la voie publique a fortement augmenté ces dernières années pour prévenir des atteintes à la sécurité des personnes et des biens. Ces dispositifs peuvent permettre de constater des infractions aux règles de la circulation, de protéger des bâtiments et installations publics et leurs abords. Seules les autorités publiques (les mairies) peuvent filmer la voie publique. Ces caméras ne doivent pas permettre de visualiser l'intérieur des immeubles d'habitation. La conservation des images ne doit pas excéder un mois. Les personnes filmées doivent être informées. »

« Sur la voie publique », *cnil.fr*, 2015.

L'état d'urgence désigne une mesure d'exception prise par le gouvernement en cas de danger extrêmement grave.

Les escales

Capacités et attitudes
- développer les aptitudes à la réflexion critique
- différencier son intérêt particulier de l'intérêt général

1. Dans les doc. 1 et 2, soulignez les informations qui servent d'arguments aux citoyens qui s'inquiètent de l'état d'urgence ou de la vidéosurveillance. Quels droits des citoyens sont restreints par l'état d'urgence ou la vidéosurveillance ?

....

....

2. Face à de telles mesures, de quelles garanties les citoyens bénéficient-ils quant au respect de leurs libertés ?

....

....

3. Rédigez un paragraphe pour expliquer si, selon vous, la restriction de certaines libertés au nom de la sécurité est une menace pour la démocratie.

....

....

....

....

....

....

Comment la sécurité est-elle organisée en France ?

Les acteurs de notre sécurité

Les indices

Doc. 1 Les composantes de la force publique

	Police nationale	Gendarmerie nationale	Polices municipales
Agents de...	L'État (ministère de l'Intérieur)	L'État à statut militaire (ministères de la Défense et de l'Intérieur)	La commune (sous l'autorité du maire)
Zone d'intervention	En zone urbaine (70 % de la délinquance)	En zone rurale et périurbaine (50 % de la population, 95 % du territoire national)	4 300 communes (Sud-Est et Île-de-France en majeure partie)
Effectifs	144 880 personnes	100 442 personnes	20 000 personnes

Doc. 2 Les élèves, acteurs de la sécurité

« Art. 5 – Tout élève bénéficie, dans le cadre de sa scolarité obligatoire, d'une sensibilisation à la prévention des risques et aux missions des services de secours ainsi que d'un apprentissage des gestes élémentaires de premier secours. »

Loi du 13 août 2004 relative à la modernisation de la sécurité civile.

La force publique est l'ensemble des personnes chargées du maintien de l'ordre. La sécurité civile est l'ensemble des moyens et des personnes chargés par l'État de protéger les citoyens.

Capacités et attitudes
- comprendre la relation entre l'engagement des citoyens dans la cité et l'engagement des élèves dans l'établissement
- expliquer le lien entre l'engagement et la responsabilité

1 Équipe A, dans le doc. 1, soulignez : en vert, les noms des trois composantes de la force publique ; en rouge, de qui chacune dépend ; en bleu, l'aire géographique où s'exerce l'action de chacune.

2 D'après le doc. 2, qui est sensibilisé aux questions de sécurité et où ?

....

....

Soulignez les deux principaux aspects de cette sensibilisation à la sécurité.

3 Complétez le texte à l'aide des propositions suivantes : *conduite à tenir – police – citoyens – force publique – État – prévention – gendarmerie.*

La sécurité relève de la responsabilité de l' .... *qui dispose d'une* .... *composée de la* .... *et de la* .... *. Mais la sécurité relève aussi des* .... *eux-mêmes, qui, par la* .... *, sont préparés à connaître la bonne* .... *.*

4 ***Recherche Internet***
Sur le site *Onisep.fr*, faites une recherche pour présenter le métier de la sécurité de votre choix : accès, formation, qualités nécessaires, missions...

Comment la sécurité est-elle organisée en France ?

Les missions de la sécurité

Les indices

Doc. 1 Des missions de sécurité variées

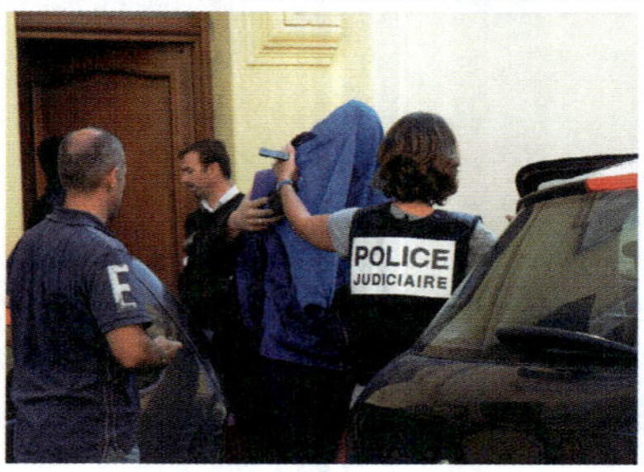

Répression des crimes et délits

Maintien de l'ordre public

Sécurité des personnes et des biens

Prévention

Doc. 2 Le rôle des pompiers

Les sapeurs-pompiers volontaires et professionnels ont réalisé 4 453 300 interventions en 2015, soit une intervention toutes les 7,1 secondes.

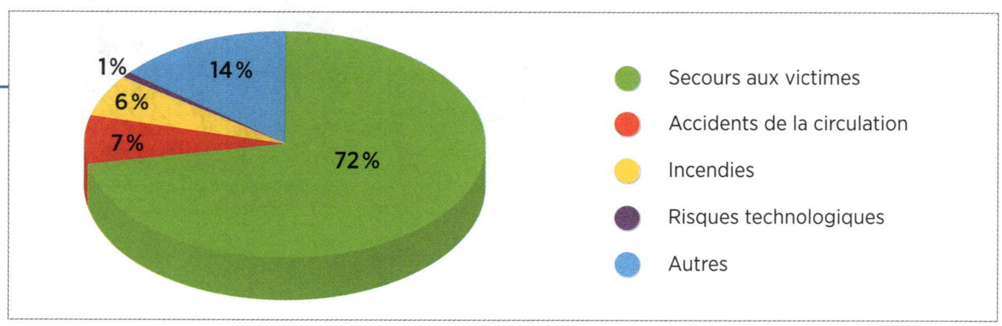

Capacités et attitudes
- comprendre les raisons de l'obéissance aux règles et à la loi
- expliquer le lien entre l'engagement et la responsabilité

1 Équipe B, sur le doc. 1, reliez chaque mission à la photographie qui lui correspond.

2 Sur le doc. 2, entourez la mission la plus fréquemment remplie par les pompiers, ainsi que le pourcentage qui lui correspond. D'après ce document, le surnom de « soldats du feu » pour les pompiers vous semble-t-il justifié ?

....

....

3 Complétez le texte à l'aide des propositions suivantes : *secourir – protéger – ordre public – répression – sécurité – prévention.*

Assurer la .... des Français, c'est les .... L'État confie aux policiers et aux gendarmes des actions de .... (pour anticiper) et de .... (pour punir) ; il veille aussi au maintien de l'........................ . ... les victimes est également le rôle des pompiers.

4 ***Recherche Internet***

Sur le site *Onisep.fr*, faites une recherche pour présenter le métier de la sécurité de votre choix : accès, formation, qualités nécessaires, missions…

Évaluation des compétences

Se repérer dans le temps: construire des repères historiques (domaines 1, 2 et 4 du socle commun)

	Attendu de fin d'année	très bonne maîtrise	maîtrise satisfaisante	maîtrise fragile	maîtrise insuffisante
situer des faits dans une période ➤ fiches 7, 12, 13 et 20	*être capable d'associer un événement à une date ou à une période, et de les mettre en relation*				

Se repérer dans l'espace: construire des repères géographiques

(domaines 1, 2 et 4 du socle commun)

	Attendu de fin d'année	très bonne maîtrise	maîtrise satisfaisante	maîtrise fragile	maîtrise insuffisante
nommer et localiser les grands repères géographiques ➤ fiches 28, 35 et 40	*être capable de situer un lieu de manière précise (pays, continent, points cardinaux) et d'utiliser cette localisation dans une réponse*				

Raisonner, justifier une démarche et les choix effectués (domaines 1 et 2 du socle commun)

	Attendu de fin d'année	très bonne maîtrise	maîtrise satisfaisante	maîtrise fragile	maîtrise insuffisante
se poser des questions sur une situation historique ou géographique ➤ fiches 5 et 22	*être capable de mener les étapes d'un raisonnement simple en observant (ou en lisant) un ou plusieurs documents et en procédant à des déductions simples*				
formuler des hypothèses ➤ fiche 24	*être capable de proposer des solutions et/ou des hypothèses pertinentes en s'appuyant sur des informations tirées des documents*				
justifier une démarche, une interprétation ➤ fiches 10 et 17	*être capable de donner son avis, de confirmer ou d'infirmer une affirmation en puisant des arguments tirés des documents*				

Analyser et comprendre un document (domaines 1 et 2 du socle commun)

	Attendu de fin d'année	très bonne maîtrise	maîtrise satisfaisante	maîtrise fragile	maîtrise insuffisante
identifier le point de vue d'un document ➤ fiche 18	*être capable de réaliser l'identification précise d'un document (nature, auteur, source) et de le replacer dans son contexte historique ou géographique*				
comprendre le sens général d'un ou de plusieurs documents ➤ fiche 16	*être capable de reformuler l'idée générale du ou des documents en termes simples*				
comprendre le sens général d'un document iconographique (photographie, dessin, caricature, affiche…) ➤ fiches 23 et 32	*être capable de décrire les différents plans (de la photographie) ou les grandes parties du document pour en restituer l'idée générale*				
extraire des informations d'un document statistique (tableau, graphique…) ➤ fiche 21	*être capable de relever des valeurs et de décrire l'allure générale du graphique ou l'évolution générale rendue compte par les données statistiques*				
extraire et hiérarchiser des informations d'une carte ➤ fiches 14 et 25	*être capable de prélever des informations précises d'une carte dans le but d'en dégager de grands ensembles géographiques*				
extraire et classer des informations de plusieurs documents ➤ fiche 1	*être capable de dégager, à partir des documents, de grands thèmes d'étude et de classer les informations puisées dans les documents*				

Évaluation des compétences

Pratiquer différents langages en histoire et en géographie

(domaines 1, 2 et 4 du socle commun)

	Attendu de fin d'année	très bonne maîtrise	maîtrise satisfaisante	maîtrise fragile	maîtrise insuffisante
écrire pour organiser ses connaissances ➤ fiche 3	*être capable de produire un court texte de manière organisée (en distinguant des paragraphes)*				
écrire pour décrire (en histoire et en géographie), pour expliquer et argumenter ➤ fiches 2 et 33	*être capable de produire de manière organisée un court texte dans le but de réaliser une description ou d'apporter des explications ou des arguments*				
s'exprimer à l'oral ➤ fiches 9 et 29	*être capable de présenter devant un auditoire des informations sélectionnées et organisées et d'avoir un débit adapté et ininterrompu*				
réaliser un récit en histoire ou en géographie ➤ fiches 4 et 38	*être capable de faire un récit à l'aide d'éléments chronologiques donnés (en histoire) ou d'un processus ou d'un fait (en géographie)*				
réaliser un schéma de synthèse, une carte mentale ➤ fiches 8, 34 et 37	*être capable de réaliser un schéma ou une carte mentale en sélectionnant des informations dans les ressources documentaires à sa disposition et d'établir des liens logiques entre eux*				
réaliser un croquis: organiser la légende, choisir les figurés ➤ fiches 27 et 30	*être capable de réaliser les premières étapes de la réalisation du croquis en géographie : construire une légende de manière organisée et réfléchie ; proposer des figurés adaptés à ce que l'on souhaite représenter*				
utiliser un vocabulaire précis ➤ fiches 19 et 36	*être capable d'utiliser des termes appartenant au lexique de la géographie ou de l'histoire*				

Coopérer et mutualiser

(domaines 2 et 3 du socle commun)

	Attendu de fin d'année	très bonne maîtrise	maîtrise satisfaisante	maîtrise fragile	maîtrise insuffisante
travailler en commun ➤ fiches 11 et 26	*être capable de mener une tâche en commun, d'aider les autres membres du groupe et de participer activement et de manière dynamique à la réalisation du travail demandé*				
organiser son travail dans le groupe ➤ fiches 15 et 31	*être capable de mener une tâche en commun, en élaborant des stratégies de travail (désignation et répartition des tâches à faire)*				
mettre ses connaissances à la disposition des autres ➤ fiche 39	*être capable de proposer des idées et/ou des méthodes pour faire avancer le travail du groupe*				
argumenter pour défendre ses choix ➤ fiche 6	*être capable d'exposer ses connaissances et de tenir compte de celles des autres*				